INFORMATICA
Navigazione e Comunicazione

Di Marco Michele Ilario Mascioli

Prima Edizione - Finito di stampare a Settembre 2013

INFORMATICA: Navigazione e Comunicazione | **MMMi**

INDICE

Introduzione	4
Reti informatiche	6
Navigazione	13
Cercare in rete	21
Scaricare il mondo	26
Finestre e schede	35
I feed Rss	41
La cronologia	42
Stampare una pagina web	47
Particolarità di Internet Explorer	49
La comunicazione	51
La posta elettronica	57
La Rubrica	65
Gli allegati	69
Gestione della posta	75
Glossario	78
Annessi	93
Ringraziamenti	96

INFORMATICA: Navigazione e Comunicazione | MMMi

INTRODUZIONE

La necessità di un supporto cartaceo come riferimento univoco per lo svolgimento del corso d'informatica – navigazione e comunicazione, mi ha spinto a cercare un testo che fosse completo, aggiornato e facilmente comprensibile. Così ho pensato di raccogliere personalmente e sistematicamente alcune nozioni, unite a osservazioni e approfondimenti. Fondamentalmente è il frutto del mio egoismo: mi servirà da promemoria per le lezioni in aula.

L'idea iniziale era di scrivere almeno una dozzina di paginette per non trovarmi impreparato e avere un progetto formativo da seguire. La mia passione per l'informatica e la ferma volontà di esprimere tutti i concetti con i relativi approfondimenti, mi hanno consentito di ottenere come risultato questo volume che, alla fine, è risultato solamente un testo scolastico.

Spero d'aver fatto cosa utile non solo per me stesso, ma anche per chi vorrà leggerlo.

Senza dimenticare i fondamenti dell'informatica, vuole accompagnarti nell'utilizzo d'internet per navigare e comunicare tramite E-mail.

Il computer è diventato il prolungamento della nostra mente, la nostra memoria, l'estensione sensoriale (con particolare riferimento ai portatori di deficit).

Ci sono alcuni aspetti del World Wide Web che spaventano, come tutte le cose che non conosciamo a fondo e di cui spesso sentiamo parlar male. Cercheremo di colmare le lacune, comprendere gli scopi, i sistemi e i trucchi, ma anche come sono realizzati i materiali fruibili in rete. Come gestire un sistema connesso con sicurezza, le comunicazioni di posta elettronica, riconoscendo anche le frodi.

L'idea di seguire questo corso d'informatica potrebbe essere vincente per assumere consapevolezza delle potenzialità che abbiamo a disposizione, unitamente alla conoscenza delle meraviglie che ci circondano che finora erano passate inosservate.

Il navigatore, abile osservatore, scopre le informazioni che desidera.

Il corso è pensato per tutti coloro che vogliono avvicinarsi a questa tecnologia, per impararne le regole e usarle in maniera consapevole e sicura. Acquisendo la padronanza di questo codice, potremo esprimere le nostre idee, le immagini, ma anche i pensieri che vogliamo condividere.

Qualsiasi computer comprerai, qualsiasi programma acquisterai sarà superato nel momento in cui comincerai a utilizzarlo. Questo libro è stato scritto ad agosto 2013, quindi i riferimenti sono basati su Windows 7, Internet Explorer 10 e Google Mail 2013.

Al termine del corso, ciò che rimarrà, sarà la tua abilità nel saperti orientare in un ambiente tecnologico e virtuale oramai indispensabile per creare comunicazione, equilibri, conoscenze e relazioni.

INFORMATICA: Navigazione e Comunicazione | MMMi

Ogni tecnologia va scoperta, con curiosità, perché può essere utile per il nostro quotidiano.
Anche se non utilizzi assiduamente il computer, scoprilo, chiediti perché un programma è nato. Scoprirai nuovi possibili bisogni e soluzioni. Torna bambino, apri il giocattolo per comprenderne il funzionamento. Ricorda, però, che il vero soggetto della comunicazione e della scoperta è l'essere umano.

La tecnologia è al nostro servizio: è l'uomo che deve aggiornarsi per migliorare correttamente la tecnologia utile, con i programmi per lavorare, vivere, comunicare e soddisfare la curiosità.

E' questo il programma più interessante da possedere: la conoscenza.

Il corso si limita ad approfondire un utilizzo specifico del personal computer, mentre sappiamo che gli elaboratori possono essere utilizzati per tantissimi scopi, ma dato che navigare in Internet e mandare messaggi di Electronic Mail risulta l'impiego più diffuso del PC, ho pensato di dedicare questo corso nell'accompagnamento dei discenti nell'uso consapevole degli strumenti, scoprendo le potenzialità e le funzioni più avanzate, per svolgere queste funzioni con consapevolezza, responsabilità, sicurezza e soprattutto con maggiore velocità.

Per studiare qualsiasi materia è importante comprendere tutte le parole che leggi, altrimenti perdi la concentrazione, il filo del discorso e cominci ad annoiarti. Qualora trovassi termini che non comprendi, puoi consultare il glossario alla fine del libro, o meglio…………….. vai a cercare in internet.

LE RETI INFORMATICHE

I computer, definiti anche cervelli elettronici, possono svolgere moltissime funzioni, ma la prerogativa che li fa essere somiglianti all'uomo è la capacità di lavorare in gruppo.

Composti di due elementi fondamentali: Hardware e Software. Il primo è ciò che puoi prendere a calci, l'altro è quello che ha introdotto il concetto di virtuale. Il mio professore di elettronica cercò invano di farmi assumere, in religioso silenzio, la spiegazione che *virtuale = ci sta, ma non ci sta*. Il software è quell'astrattezza che fa sentire sempre tutto inadeguato.

Ci sono grandi sistemi che possono collaborare nell'elaborazione dei dati, fornendo un risultato complessivo in tempi dimezzati, connessi gli uni agli altri tramite un sistema L.A.N. (Local Area Network). Ethernet è il nome di una famiglia di tecnologie per reti locali la cui nascita ufficiale del protocollo è fatta risalire al 1973.
Ci sono reti con server operativi (sempre meno) che contengono tutti i programmi, i file di dati e le periferiche, cui si connettono dei terminali, cioè dei computer che non hanno memoria fisica all'interno e se non fossero connessi al server non si potrebbero nemmeno accendere.
Oggi la tecnologia di rete più diffusa nelle aziende, dalle più grandi a quelle che hanno solo due PC, sfrutta la connessione per condividere le risorse. Si tratta di computer completi, con tutte le specifiche per essere funzionali e funzionanti autonomamente, ma mettono a disposizione degli altri le proprie risorse. Per esempio una postazione ha una stampante laser in bianco e nero, un'altra ha una stampante a colori, un'altra ancora ha un'unità di Backup per il salvataggio dei dati, ognuno mette le sue dotazioni a disposizione di tutti. Proseguendo con queste composizioni si aggiungono periferiche che hanno interfacce di rete interne, come stampanti, masterizzatori esterni, unità di salvataggio dati N.A.S. (Network Attached Storage) o qualsiasi altra periferica, il cui costo può essere affrontato una sola volta e utilizzata da tutti quasi contemporaneamente.

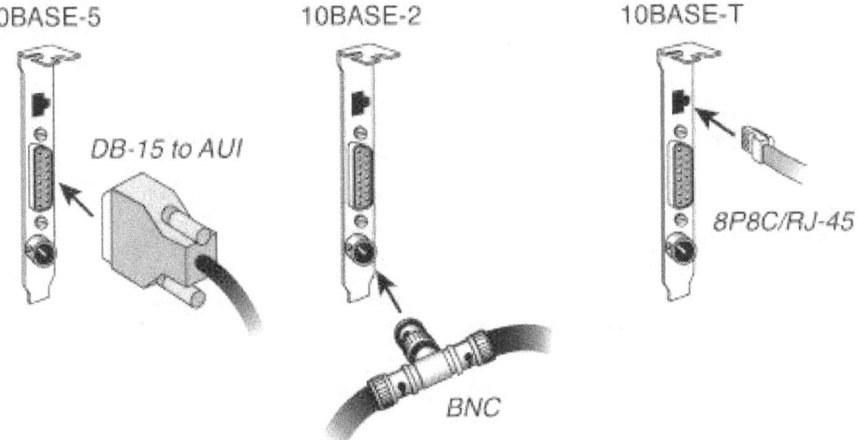

Le reti locali si chiamano Intranet e inizialmente erano realizzate tramite cavi coassiali RJ58 in circuito chiuso ad anello o in linea seriale, dove tutti i PC sono in serie, uno dopo l'altro e sia all'inizio sia alla fine del cavo ci dev'essere un terminatore di linea. Fisicamente i limiti dettati da queste connessioni è di cinquecento metri per 10 BASE 5, centottanta cinque metri per 10 BASE 2 e cento metri per il più diffuso 10 BASE T. La velocità massima di trasmissione dati è dieci Mega Bits per secondo (Mbps), il cavo coassiale è fragile, poco flessibile, sensibile a campi elettromagnetici e intestato con connettori BNC che sono molto sensibili all'ossidazione. Tutti questi motivi hanno spinto la tecnologia a cercare una soluzione alternativa.

Oggi si utilizza il sistema con RJ45 ovvero spine di plastica ottopolari, con contatti di acciaio spesso dorati e cavi resistenti, molto flessibili e le prestazioni arrivano a 1000 Mbps. Questa tecnologia utilizza un concentratore di rete passivo o attivo, cioè che lascia passare tutti i dati in tutte le direzioni ovvero gestisce le connessioni riconoscendo gli indirizzi di ogni macchina e mandando i dati solamente verso il PC che stiamo cercando (si chiamano rispettivamente Hub o Switch).

Oltre a quelli suddetti, ci sono altri vantaggi in questo sistema, per esempio possiamo utilizzare uno Switch con ventiquattro porte (ne esistono da quattro porte in su) e collegare solo due Computer, ma incrementando la rete in qualsiasi momento lasciandola sempre aperta.

A un Hub o Switch possiamo collegare anche tutte le periferiche da condividere, tra cui anche un router – modem per la connettività a internet da condividere con tutti. Possiamo inoltre collegare in rete tanti Hub o Switch per ampliare la rete in futuro e collegare un concentratore di rete senza fili, WiFi. In questo modo possiamo connettere tra loro periferiche cablate e senza fili e tutte condividono le stesse risorse, tra cui per esempio internet.

L'unica differenza tra internet e intranet è che la connessione all'esterno avviene tramite un router o modem verso un Internet Service Provider, anziché con uno Switch localmente.

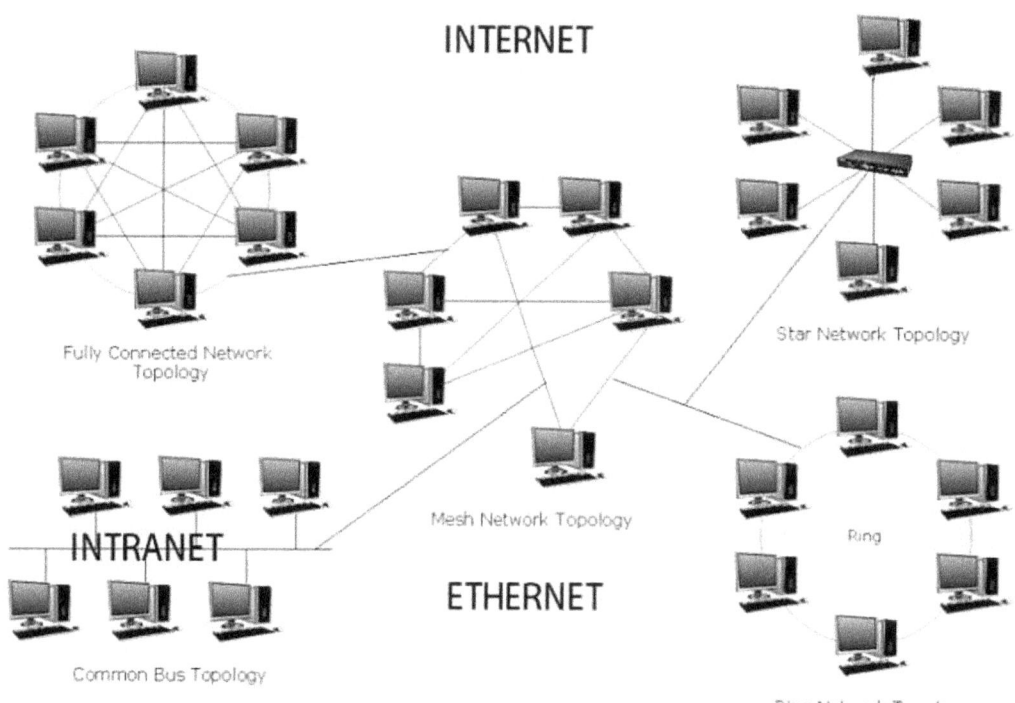

Possiamo rilevare che l'informatica oggi vede fondamentalmente due categorie di persone: chi avendo qualche ora utilizza internet perché mette a disposizione degli utenti informazioni, file, materiale di vario genere in forma di pagine ipertestuali cioè pagine che oltre al testo hanno immagini, filmati e soprattutto collegamenti ad altre pagine dello stesso tipo e coloro che ci trascorrono la vita, al lavoro, a casa, sul telefonino, per comunicare, quindi sono sempre connessi al

INFORMATICA: Navigazione e Comunicazione | MMMi

Web (ma negherebbero anche sotto tortura).

Internet è una rete che collega elaboratori situati in ogni parte del mondo, consente a milioni di utenti di collegarsi gli uni agli altri per scambiare documenti, immagini o semplici messaggi. In realtà Internet è la rete delle reti, cioè, collega fisicamente tra loro centinaia di migliaia di reti locali di elaboratori. Per completezza bisogna annoverare anche le connessioni via radio, anche tramite satellite. Internet è l'insieme dei computer, dei cavi, dei ponti radio, dei dispositivi fisici tutti connessi tra loro.

Tutto ha origine come rete militare durante il periodo della Guerra Fredda e probabilmente conserva ancora qualche vizio dall'origine. Il Dipartimento della Difesa degli Stati Uniti aveva creato un sistema di collegamento tra quattro importanti elaboratori militari, in modo che, se per un attacco atomico le linee telefoniche tradizionali fossero state distrutte, ci fosse un sistema di comunicazione alternativo.

Il nome di questa rete era ARPANET e continuò a espandersi anche oltre l'Atlantico.

Quando le esigenze militari vennero meno, intorno al 1983, il Ministero della Difesa lasciò tutto l'apparato di collegamento alle più importanti università per agevolare la diffusione delle informazioni scientifiche e per ottimizzare tutte le risorse di calcolo a disposizione.

Il successo di Internet è basato sul modo semplice ed efficace che hanno gli utenti per accedere alle informazioni.

Alla fine degli anni 80 il CERN (Centro Europeo per le Ricerche Nucleari) di Ginevra, mise a punto il World Wide Web.

Il WWW consiste nell'organizzazione delle informazioni in modo ipertestuale; dal 1994 l'utilizzo del WWW, assieme alla diminuzione dei costi di accesso e utilizzo della rete, ha permesso un aumento esponenziale della diffusione di Internet.

Una pagina ipertestuale presenta testi, immagini, video, cioè elementi multimediali, ma ha qualcosa in più rispetto alle pagine normali: sono presenti i link (collegamenti). I collegamenti ipertestuali sono riferimenti celati ad altre pagine web. Un link ha un aspetto particolare rispetto al testo normale, può essere sottolineato, ma quando portiamo il mouse in prossimità, il puntatore cambia forma. Anche un'immagine può contenere un link. Comunemente ci sono bottoni, pulsanti colorati che, per esempio, sono utilizzati come menù di navigazione che in realtà sono link ad altre pagine dello stesso sito. Con un clic sul link si passa alla pagina ipertestuale indicata. La lettura può seguire molti percorsi alternativi. Il codice con cui viene scritta una pagina ipertestuale è HTML (HyperText Markup Language).

Questo codice è interpretato dal

INFORMATICA: Navigazione e Comunicazione | MMMi

programma che permette di navigare in Internet, chiamato browser, dall'inglese sfogliare, curiosare, scorrere libri. I più diffusi browser sono Microsoft Internet Explorer, Mozzilla Firefox, Apple Safari e Google Chrome, ma ce ne sono molti altri.

Un link permette di raggiungere altre risorse di Internet. Per consentire i passaggi ipertestuali si è sviluppato il cosiddetto URL (Uniform Resource Locator) che rappresenta il nome dell'indirizzo fisico dei file.

Tanto quanto per le reti locali, anche su internet serve un nome univoco per ogni PC e periferica connessa. Si tratta dell'indirizzo IP, che oggi esiste di due tipi: versione 4 e versione 6.

L'indirizzo IPv4 è costituito da 32 bit (4 byte) suddiviso in quattro gruppi da 8 bit (1 byte), separati ciascuno da un punto (per es. 11001001.00100100.10101111.00001111). Ciascuno di questi 4 byte è poi convertito in formato decimale di più facile identificazione (quindi ogni numero varia tra 0 e 255 essendo $2^8=256$). Un esempio d'indirizzo IPv4 è 62.149.133.200 che corrisponde al server che contiene il file del dominio utecodroipese.org. Ormai sono stati assegnati talmente tanti indirizzi che stanno finendo le combinazioni possibili, così si è proceduto a cercare un altro sistema, più complesso.

La soluzione si chiama: indirizzo IPv6 che è costituito da 128 bit (16 byte), è descritto da 8 gruppi di 4 numeri esadecimali che rappresentano 2 byte ciascuno (quindi ogni numero varia tra 0 e 65535) separati dal simbolo "due punti". Un esempio d'indirizzo IPv6 è 2001:0DB8:0000:0000:0000:0000:0000:0001, che può essere abbreviato in 2001:DB8::1 (i due punti doppi rappresentano la parte dell'indirizzo che è composta di soli zeri consecutivi. Si può usare una sola volta, per cui se un indirizzo ha due parti composte di zeri la più breve andrà scritta per esteso.

I dispositivi connessi a una rete IPv6 ottengono un indirizzo di tipo unicast globale, vale a dire che i primi 48 bit del suo indirizzo sono assegnati alla rete cui esso si connette, mentre i successivi 16 bit identificano le varie sottoreti cui l'host è connesso. Gli ultimi 64 bit sono ottenuti dall'indirizzo MAC dell'interfaccia fisica.

Per utilizzare internet senza dover ricordare tutti questi numeri, abbiamo a disposizione dei server D.N.S. (Domain Name System) ovvero dei traduttori che trasformano il nome in chiaro in codici IP. In questo modo potremo scrivere l'indirizzo utecodroipese.org e il server DNS ci indirizzerà al corrispondente codice IP.

La possibilità di avere programmi, immagini, filmati, documenti, in generale file, dai siti Internet, è chiamato Download (dall'inglese scaricare, tirare giù). Viceversa la possibilità di inserire contenuti in siti che li ospitano è chiamata Upload (caricare, buttare su), per esempio se vogliamo inserire un nostro filmato su Youtube o una foto su Facebook.

Le velocità di caricamento e scaricamento dipendono dal tipo di linea modem e si misura in bit per secondo (bps), migliaia di bit per secondo (Kbps), milioni per secondo (Mbps).

Le aziende che permettono a un utente di accedere alla rete Internet si chiamano I.S.P. cioè Internet Service Provider: alcune in Italia sono Telecom, Infostrada, Tiscali, Fastweb, Vodafone, Teletu, Tre, Wind e altre.

Per navigare in Internet si deve sottoscrivere un contratto con un provider, molto spesso incluso nell'abbonamento telefonico e collegarsi alla rete tramite un modem.

Esistono abbonamenti diversi a seconda della velocità di connessione: in genere si parla di

INFORMATICA: Navigazione e Comunicazione | MMMi

connessione su linea telefonica tradizionale, fino a 56 Kbps, ISDN fino a 128 Kbps e di connessione a banda larga ADSL, SATELLITE, 3G, GPRS, HSDPA. Con il termine banda larga ci si riferisce in generale alla trasmissione e ricezione dati, simultanea in maggiore quantità, sulla stessa linea, sia via cavo sia via etere. La velocità indicata dai fornitori di connettività si riferisce sempre al massimo disponibile. Questi dati sono solo indicativi per esempio chi ha un collegamento a sette Mbps (Mega Bits Per Secondo) normalmente non raggiunge nemmeno i due Mbps in download e meno di 512 Kbps in upload.

Tra gli argomenti più discussi nel mondo d'internet, il primato va assolutamente alla velocità. Questa è determinata da tanti fattori e per cercare di rappresentarti al meglio la problematica ti propongo di pensare all'acqua. C'è un fiume principale che trasporta i dati, al quale confluiscono e defluiscono tantissime tubazioni. Se poi usufruisci di tutta quell'acqua tramite un rubinetto molto piccolo... .

Ci sono rubinetti, tubi e deviatori che distribuiscono una marea d'informazioni in tutto il mondo. I colli di bottiglia possono essere rappresentati dai modem o router collegati al nostro PC, dal tipo di cavo utilizzato per raggiungere il primo distributore di zona da casa nostra, la qualità della centralina, il collegamento che la connette alla centrale vera e propria.

In una stessa strada possiamo avere due centraline diverse con prestazioni differenti anche di dieci o cento volte. Poi il controllo dell'accesso obbliga i provider alla monitorizzazione del traffico di dati, per cui dobbiamo far passare la nostra acqua dai loro contatori, che aprono il nostro rubinetto, quanto vogliono.

Si chiama fibra ottica perché si tratta di filamenti di vetro o polimeri, realizzati in modo da condurre al loro interno la luce (propagazione guidata), questo significa che potenzialmente potremmo raggiungere la velocità della luce. Utilizzando le tecnologie attuali è possibile trasmettere, su una singola coppia, di fibre fino ad alcune centinaia di canali in frequenza, arrivando a capacità massime dell'ordine del Tbit/s. Poi serve un modem adeguato e tutte le periferiche all'altezza per godere di queste prestazioni.

Questo è il risultato di un camuffato monopolio che nella stragrande maggioranza del territorio italiano vede una sola compagnia a collegare fisicamente gli utenti via cavo. La nuova disponibilità di connettività tramite modem, telefoni cellulari e internet Key, a prezzi ragionevoli stanno portando a una radicale evoluzione, limitata solamente dalla scarsa conoscenza delle tecnologie.

I modem sono diversi perché ci sono varie tecnologie, dal punto di vista del collegamento, che comportano la differenza di banda di trasmissione per la connessione ad Internet. Quasi l'intera nazione è coperta dalla linea telefonica via cavo, ma ci sono ampie zone non ancora servite dall'ADSL, mentre la copertura con ponti radio per cellulari è praticamente totale, con prestazioni che sono superiori alle linee cablate. Per completezza debbo annoverare anche le linee satellitari, complete cioè in trasmissione e ricezione o solo a metà, cioè si utilizza una linea a 56 Kbps o GPRS per l'upload e velocità incredibili per il download tramite la parabola. Questo consente di ottenere prestazioni elevate in qualsiasi punto del globo e la connessione full duplex è disponibile anche in mezzo al deserto o in un oceano. Infine esiste la connessione WiFi, che normalmente si utilizza come tramite per condividere la linea ADSL, XDSL o 3G, 4G, HSDPA creando una rete interna senza fili.

Questa è vincolata da password per l'accesso, ma se tutti consentissero la libera connessione, potremmo utilizzare il WiFi per collegarci gratuitamente in tutte le città. All'interno di centri commerciali, bar, ristoranti e altri luoghi d'incontro sono sempre maggiori le connettività WiFi messe a disposizione gratuitamente, mentre negli aeroporti, nelle aree di servizio autostradali o le stazioni dei treni, richiedono il pagamento in base al tempo di connessione, con tariffe esorbitanti (quasi solo in Italia, perché all'estero, quantomeno un'ora il giorno, è garantita la connettività gratuita).

In alcuni Paesi del mondo, come negli U.S.A., la distribuzione di internet avviene via cavo contemporaneamente alla ricezione dei canali televisivi. Una tecnologia che da noi non ha preso piede sempre per colpa dei monopoli, ma che consentirebbe di far sparire tutte le antenne dai tetti delle abitazioni, comprese le parabole.

Le tariffe che si riferiscono alla connettività internet, a prescindere dalla tecnologia utilizzata, possono essere, basate sul tempo di connessione senza pagare un canone fisso (in pratica si chiamano dei numeri a pagamento e ogni minuto ha un costo), a canone di abbonamento (mensile) senza limiti di dati o tempo (flat), a canone con limiti di tempo (60 ore il mese, 10 ore il mese, 5 ore a settimana etc. e se non si utilizzano si paga comunque) a canone con limiti di dati (1 Gigabyte al mese, 2 Gigabyte, etc. e se non si utilizzano si paga comunque).

La connessione flat è sempre attiva, a tariffa fissa, con alta velocità. Qualunque sia la tipologia di connessione, il modem è un MOdulatore – DEModulatore, quindi trasforma i dati in segnale, li trasmette a un altro modem che provvede a rigenerare i dati.

Il sistema di riconoscimento e di comunicazione tra i pc connessi alla rete è disciplinato da precise regole di gestione della comunicazione. Un insieme di regole di questo tipo prende il nome di protocollo. Un protocollo di trasmissione è un insieme di regole atte a specificare come i vari elaboratori che compongono la rete devono interagire per comunicare e scambiarsi informazioni.

Lo standard Internet è detto TCP/IP (*Transmission Control Protocol / Internet Protocol*). In termini molto semplificati quando un computer si collega a Internet, il provider (un altro computer dotato di modem) gli assegna un numero identificativo, diverso da tutti quelli degli altri computer connessi nel mondo.

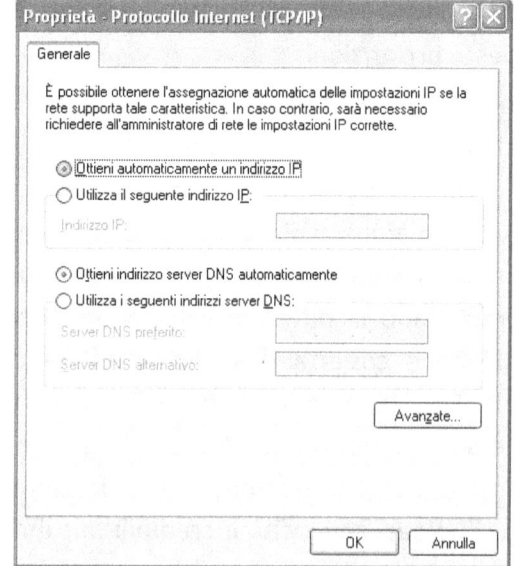

Questo numero chiamato indirizzo IP (*IP address* o *host number*), come abbiamo già visto, in una delle due versioni: V4 oppure V6.

Il numero può essere assegnato in modo fisso, a chi ne fa richiesta al provider, di solito a pagamento; oppure è assegnato in modo dinamico, cioè il provider assegna il primo degli indirizzi IP che ha disponibili: in questo caso a ogni accesso si avrà un IP diverso.

Per conoscere il nostro indirizzo IP possiamo utilizzare dei servizi in rete che lo riconoscono e possono individuare anche la zona da cui ci colleghiamo (non in maniera precisa).

La difficoltà di ricordare indirizzi numerici è superata grazie all'aiuto del Domain Name System che consente di tradurre nomi associati ai singoli elaboratori nel corrispondente indirizzo IP. Il *DNS* è in pratica una tabella costantemente aggiornata dai gestori delle reti che, ogni volta che creano un nuovo indirizzo IP, comunicano il nome con cui potrà essere raggiunto dagli utenti di Internet.

Esempi di nomi nel DNS sono 3pm.it, google.com, ecc. In pratica sono gli URL dei siti. Ogni network provider deve avere un dispositivo, detto router, che si occupa di ricevere i dati dall'utente e di fornirli al destinatario scegliendo il percorso ottimale, utilizzando il DNS per conoscere le corrispondenze fra indirizzi IP e URL dei vari elaboratori della rete. TCP/IP è quindi il protocollo che regola la navigazione in Internet.

Ci sono altri protocolli, relativi agli altri servizi in rete tra cui HTTP (HyperText Transfert Protocol) è il protocollo che regola il trasferimento degli ipertesti nel, FTP (File Transfer Protocol) che regola il trasferimento dei file in rete, GPRS (General Pack Radio Service) che regola la comunicazione in Internet tramite la rete GSM. In pratica gestisce la trasmissione di dati in Internet tramite i telefonini. Le evoluzioni del GPRS sono EDGE, UMTS, 3G e HSDPA per le trasmissioni ad alta velocità e ora il 4G. Ultimo protocollo da annoverare tra i principali è SMTP (Simple Mail Transfert Protocol) con il POP3 (Post Office Protocol 3) cono quelli per la spedizione e la ricezione dei messaggi di posta elettronica. Questi sono specificati quando si esegue la configurazione della posta.

Interno ISA 4.800 - 9.600 bit/s
1985

Esterno Seriale 14.400
- 28.800 bit/s
1990

2012

WiFi 4g 1 Gigabit/s
= 1.000 megabit = 1.000.000 kilobit = 1.000.000.000 bit

INFORMATICA: Navigazione e Comunicazione | MMMi

NAVIGAZIONE

Dopo aver visto gli aspetti teorici e tecnici del mondo di Internet iniziamo a esplorare la rete di Internet, vedremo che cercare delle informazioni, significa muoversi tra un sito e un altro, tra una pagina all'altra: in termine informatico si dice che si deve *navigare* nella rete Internet, nel World Wide Web (abbreviato con la sigla WWW). Stabilita la connessione alla rete, per navigare devi utilizzare un Browser, cioè l'apposito programma utilizzato per l'esplorazione delle pagine di Internet. Quando acquisti un nuovo PC e lo accendi per la prima volta, dopo aver inserito i dati del proprietario del computer, appare sullo schermo una finestra per la scelta del Browser.

La scelta è tra undici software (si deve scorrere la barra orizzontale per scoprire gli altri sei

disponibili), tutti gratuiti, che possono essere installati anche contemporaneamente, ma in realtà ne serve indispensabilmente uno solo. Quello che prenderemo in considerazione in questo corso è Microsoft Internet Explorer versione 10 (abbreviato IE), essendo il più diffuso poiché presente in tutti i computer con sistema operativo Windows, e non solo.

Per aprire il Browser fai doppio clic sull'icona di Internet Explorer, oppure un clic sull'icona Avvio Veloce presente sulla Barra delle applicazioni. Altra possibilità, fare un clic sul pulsante Start in basso a sinistra, scegliere Tutti i programmi e quindi Internet Explorer.

Secondo la configurazione dell'accesso alla rete, potrebbe apparire una o più finestre per l'autenticazione della connessione remota alla rete, solamente se ci connettiamo tramite un semplice modem. In linea generale devi specificare i tuoi dati per l'accesso, di solito il tuo nome utente e la tua password, che ti sono stati forniti dal provider presso il quale hai sottoscritto l'abbonamento ai servizi di Internet.

Quando scrivi la password, sono visualizzati dei puntini o asterischi, in modo che questo dato non sia visibile a occhi estranei. Quando la connessione preliminare è stabilita, compare la finestra del Browser. Di solito la finestra del browser non appare vuota, come quando apriamo un programma di videoscrittura: nella finestra è visualizzata la prima pagina Web, detta Pagina iniziale. Questa pagina è, in genere, quella del provider con cui ti sei associato. Vedremo nel seguito che potrai modificarla con un'altra a tuo piacimento.

INFORMATICA: Navigazione e Comunicazione | MMMi

Vediamo gli elementi principali della finestra di Microsoft Explorer (nella figura è visualizzata la pagina iniziale del sito Google). Tra le varie scelte di visualizzazione ci sono una serie di barre orizzontali che possono essere visualizzate o nascoste.

Le barre possono essere comode, ma nel caso di monitor piccoli (meno di venti pollici di diagonale) limitano la visualizzazione del contenuto del sito. Possono essere spostate, ovvero bloccate per non correre il rischio di movimenti involontari.

Nell'immagine qui sopra sono indicate quelle standard come la barra del titolo in alto a sinistra, dove appare l'indirizzo della pagina Internet visualizzata (nella figura è la pagina del sito Google).

Sulla destra, come in ogni applicativo classico in ambiente Windows, sono presenti i pulsanti di riduzione a icona e ripristino della finestra e per la chiusura del programma. La barra dei menu contiene i comandi classici a discesa di Microsoft Windows come File, Modifica, Visualizza, Preferiti, Strumenti, ? (aiuto). Con un clic sulla categoria, appare la lista dei comandi associata.

Nella barra dei comandi sono presenti le funzioni più utilizzate nella navigazione in Internet.

Per sapere quale operazione esegue uno specifico pulsante, basta porre il puntatore del mouse sopra il pulsante e aspettare qualche secondo (senza fare clic), fino a quando appare la descrizione.

INFORMATICA: Navigazione e Comunicazione | MMMi

In basso possiamo visualizzare la barra di stato che fornisce informazioni sulla pagina visualizzata.
Per fare apparire o nascondere le barre possiamo cliccare con il tasto sinistro del mouse sul menù a tendina Visualizza, oppure con il tasto destro direttamente sopra una barra.
Le barre presenti nel menu hanno un segno di spunta che indica che la barra è visibile. Nel menu della voce Barre degli strumenti appare il comando Blocca barre degli strumenti. Se questo comando è attivo, le barre non possono essere spostate, nemmeno accidentalmente. In caso contrario le barre si possono spostare, affiancare, sovrapporre, portando il cursore sui cinque puntini verticali a sinistra e trascinando. Per navigare tra le pagine di Internet ci sono diverse possibilità: scrivere l'indirizzo logico della pagina Web che si vuole visualizzare, nella barra degli indirizzi; utilizzare i *link* presenti nella pagina Web già visualizzata, in altre parole il sistema più comune di ricercare il sito in base a delle parole chiavi tramite i motori di ricerca (google è il più diffuso, ma ci sono anche Libero, Infoseek, Lycos, AltaVista, Excite, Arianna, Virgilio, superEva, Baidu, Info, Yahoo, Ask, Windows Live Search, Wikiseek, Wikia Search, Bing e tanti altri). Il primo modo, lo puoi utilizzare se conosci l'indirizzo esatto della pagina Web che vuoi vedere: una pagina Web ha sempre un proprio indirizzo (diverso per ogni pagina) del tipo www.NomePagina.suffisso. Per esempio supponiamo che vogliamo visualizzare la pagina del sito dell'Università del codroipese ha come indirizzo www.utecodroipese.org. Devi scrivere questo indirizzo nella Barra degli indirizzi (selezionando e cancellando o sovrascrivendo quello che era già presente) e premere il tasto INVIO sulla tastiera o il pulsante Vai nella Barra degli indirizzi.
Se l'indirizzo è stato scritto in modo corretto, dopo qualche istante, appare la pagina del sito cercato al posto della pagina precedente. Hai compiuto una prima navigazione tra due pagine Web. Se conosci altri indirizzi di pagine Web, puoi scriverli nella Barra degli indirizzi e continuare a navigare nella rete.
Ricordiamo che ogni risorsa Internet è identificata con un nome particolare; il cosiddetto URL (Uniform Resource Locator) che rappresenta il nome con cui la risorsa è conosciuta dalla rete Internet. La struttura di un URL è tipo://indirizzo/percorso/oggetto dove tipo è il protocollo di trasferimento o il tipo di servizio (https, http, ftp, file, ecc.), indirizzo è il nome della rete (www, ww2 etc.) dell'elaboratore che contiene fisicamente la risorsa, percorso è la localizzazione logica all'interno del computer (utecodroipese.org, google.it etc.) e infine oggetto è il nome della risorsa cioè della pagina specifica (index.html, contatti.html etc.).
Per esempio: il programma del corso d'informatica dell'Università T.E. del codroipese si trova all'interno della presentazione dei corsi relativi alla sede di Codroipo, quindi consultabile a questo indirizzo http://www.utecodroipese.org/Corsi/codroipo_2013.pdf. Ogni nome a dominio riguardante un sito ha anche un'estensione. Si possono trovare tutte alla pagina http://it.wikipedia.org/wiki/Lista_di_domini_di_primo_livello
Esistono estensioni di tipo geografico come .IT per l'Italia, .UK per la Gran Bretagna, .RU per la Russia, .TW per Taiwan, .CN per la Cina e .US per gli Stati Uniti d'America tanto per fare qualche esempio. Poi ci sono le estensioni che dovrebbero indicare il tipo di attività svolta come per esempio .COM per il commercio, .GOV per le istituzioni governative, .ORG per le organizzazioni non governative, .BIZ per gli affari, .NET per Internet Service Provider, .EU per l'Europa e tanti altri.
Purtroppo i tanti casi di omonimia delle aziende ha portato a non rispettare queste regole, così si è inventato sempre nuove estensioni, ma nonostante questo ci sono tantissimi casi di domini con

estensioni errate e fuorvianti rispetto al tipo di attività svolta. Il secondo modo per muoversi tra le pagine Web consiste nell'utilizzare i *link*. Un link (o collegamento ipertestuale) è una parte di testo o un'immagine cui è associato l'indirizzo di un'altra pagina Web. Con un clic su un link si passa alla pagina Internet collegata, l'associazione link/pagina Web è creata da chi costruisce la pagina Internet con appositi linguaggi di programmazione (linguaggio HTML). Un link è riconoscibile dal fatto che, quando il mouse è sopra a un testo, un oggetto o un'immagine con un link, il puntatore cambia il

suo aspetto. Il terzo esempio di navigazione sul web è il più diffuso: se solitamente la pagina iniziale della nostra navigazione è un motore di ricerca, è sufficiente inserire qualche indicazione nel riquadro apposito, premere invio e ottenere l'elenco di tutti i siti che trattano l'argomento cercato. Inserendo l'indirizzo completo di un sito web, otterremo l'elenco di tutte le pagine contenute nel dominio, nonché tutti i siti che hanno riferimenti e link a quello che stiamo cercando.

In realtà si tratta del sistema più laborioso e lungo per accedere a un sito di cui conosciamo l'indirizzo, quindi lo sconsiglio.

Negli ultimi tempi i browser hanno implementato la capacità di utilizzare i motori di ricerca anche nella stessa barra dell'indirizzo, in questo modo se sbagliassimo o lo scrivessimo incompleto, allora si aprirebbe comunque la pagina con i risultati della ricerca. Navigando nella rete potresti avere la necessità di dover ritornare a una pagina visualizzata in precedenza oppure alla pagina iniziale. In questo caso si possono utilizzare i comandi Indietro e Avanti che solitamente sono rappresentati con una freccia a sinistra e a destra. Con un clic sul pulsante Indietro puoi tornare indietro di una pagina, cioè alla pagina visualizzata prima di quella attuale, cliccando sul pulsante avanti vai alla pagina visualizzata prima di aver fatto clic sul pulsante Indietro. Per tornare all'indirizzo precedente possiamo anche premere il tasto Backspace sulla tastiera. I Pulsanti Avanti e Indietro, situati all'inizio della barra indirizzo, permettono quindi di navigare tra le finestre che sono state aperte durante il collegamento a Internet.

La barra, subito dopo l'indirizzo, contiene la lente d'ingrandimento che, in sostituzione dell'invio della tastiera, permette di avviare la ricerca del sito digitato. Poi c'è una freccia verso il basso che consente di consultare tutti gli indirizzi visitati di recente, la cronologia e i preferiti. Poi c'è un'icona che cambia in funzione del tipo di sito, nel caso di google, si vede un lucchetto che indica un server sicuro, bloccato, certificato, questo si verifica solo quando siamo nei siti di banche, pagamenti on line, e-
commerce dove è assolutamente importante avere la certezza di non aver sbagliato indirizzo o subire truffe. Se non vedi il lucchetto chiuso nella barra dell'indirizzo, non devi mai inserire dati sensibili, personali, bancari etc.

Nella stragrande maggioranza dei siti, troviamo un simbolo che rappresenta la Visualizzazione di Compatibilità per le pagine che non sono state compilate specificatamente per la versione di IE 10.

Cliccando su di essa, qualora ci fossero problemi di visualizzazione, la pagina sarebbe adattata per una migliorare la disposizione. In realtà difficilmente ci sono problemi che non consentono di apprezzare una pagina web e cliccando sul pulsante non cambia assolutamente nulla.

A chiusura della barra indirizzo si presenta un simbolo circolare il cui scopo è di ricaricare la pagina che stiamo guardando. Mentre si carica una pagina, se ci sono problemi di connessione ovvero la pagina è troppo "pesante" e impiega molto tempo per aprirsi, quest'ultima icona diventa una X che possiamo cliccare per terminare il download della pagina.

Per selezionare una pagina Web dall'elenco di quelle visitate di recente (negli ultimi giorni, settimane, ore o minuti), puoi fare clic sulla freccia in basso, poi sulla voce Cronologia. Lo stesso comando è presente nel menu Visualizza dalla voce Barre di Explorer.

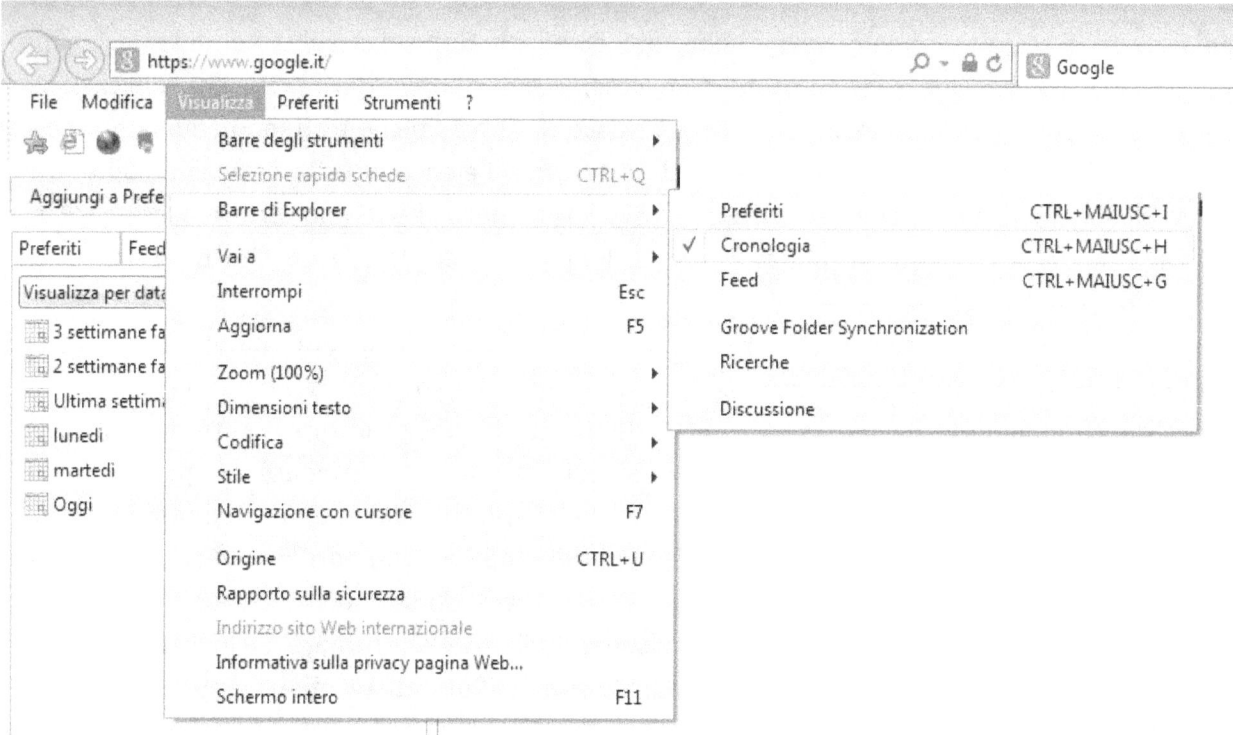

Appare, nella parte sinistra della finestra, il riquadro Cronologia, in cui sono contenuti i collegamenti relativi alle pagine dei siti Web visitate nella giornata odierna (icona Oggi), oppure anche in date differenti. Fai un clic su una settimana o un giorno: appare l'elenco dei siti Web visitati in quella data: a questo punto devi solo scegliere la pagina Web che desideri rivedere.

Per chiudere la barra Cronologia, fare nuovamente clic sulla voce Cronologia, o sul pulsante di chiusura X nel riquadro. Dopo la barra degli indirizzi ci sono solitamente le schede che abbiamo aperte. Possiamo consultare contemporaneamente molte pagine e se vogliamo chiudere qualche scheda, possiamo cliccare sulla X della singola scheda. Nelle impostazioni di "fabbrica" IE10 qualora avessi più schede aperte e clicchi sulla X per chiudere Internet Explorer,

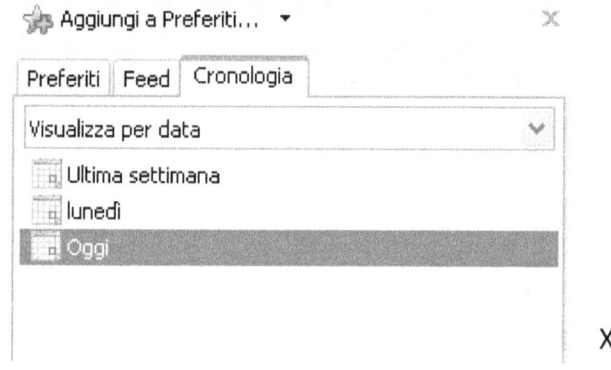

INFORMATICA: Navigazione e Comunicazione | MMMi

appare un avviso in cui ti viene chiesto se intendevi chiudere tutte le schede o solo quella corrente. In questo modo si evita di terminare un lavoro incompleto per errore.

La barra dell'indirizzo si conclude a destra con tre icone, la casetta per tornare alla pagina iniziale, la stella per aprire i siti preferiti e l'ingranaggio che consente di modificare tutte le impostazioni di IE10. La pagina iniziale corrisponde alla pagina che è visualizzata all'apertura di Internet Explorer. Di solito è impostata dal provider con cui si è effettuato l'abbonamento a Internet, o più spesso da quella che Microsoft propone (MSN). Il sistema più semplice per personalizzare la prima pagina del Browser consiste nel digitare l'indirizzo della pagina scelta, premere invio per raggiungerla, quindi cliccare sull'ingranaggio delle impostazioni in alto a destra, poi su Opzioni Internet e nel primo menù, quello generale, possiamo cliccare su Pagina Corrente.

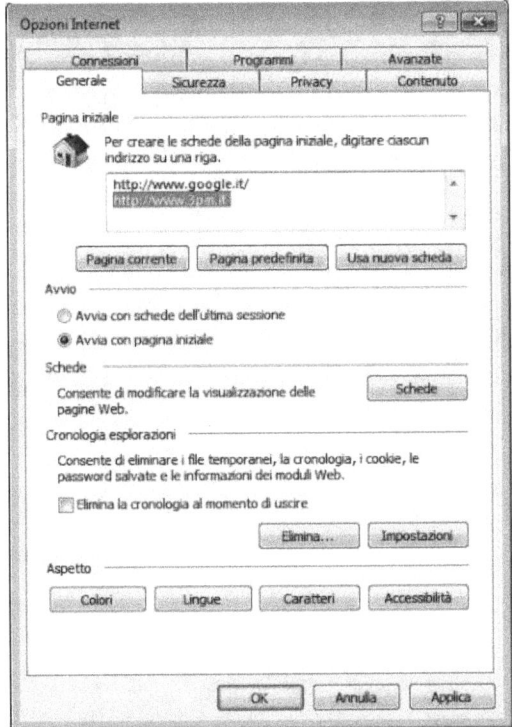

Nelle ultime versioni dei browser possiamo anche impostare più d'una pagina iniziale, in questo modo ogni volta che avvieremo il browser, si apriranno tante schede quante le pagine iniziali impostate. In questo modo, se vogliamo controllare spesso più di un sito, questi saranno subito disponibili sin dall'apertura della navigazione. Per rimuovere una delle pagine iniziali, per esempio quando abbiamo una connessione lenta e pertanto ci rallenterebbe all'avvio, dobbiamo procedere allo stesso modo con l'icona dell'ingranaggio, Opzioni Internet e nella pagina Generale selezioniamo l'indirizzo o gli indirizzi che vogliamo rimuovere e li cancelliamo. Possiamo quindi cliccare su Applica se dobbiamo modificare altre impostazioni oppure chiudere il menù cliccando su OK.

La finestra Opzioni Internet, qui a sinistra, per quanto concerne la gestione delle schede della pagina iniziale, presenta tre bottoni: *Pagina corrente* per impostare la pagina Web aperta come pagina iniziale, *Pagina Predefinita*, ovvero per ripristinare la pagina iniziale di Microsoft o del fornitore ISP e l'ultimo per scegliere di aprire una pagina iniziale bianca, vuota.

Come si può vedere tra le impostazioni ci sono tanti altri menù a tendina relativi a Sicurezza, Privacy, Contenuto, Connessioni, Programmi e Avanzate. Questi settaggi suggerisco di lasciarli invariati se non hai sufficiente dimestichezza e soprattutto se non ci sono problemi che motivino le

modifiche. Tra le modifiche semplici e utili in IE c'è la dimensione dei caratteri.
Se hai una risoluzione del display molto alta, potresti trovare valido aumentare la misura del testo. Inversamente se il monitor è piccolo e la definizione bassa, diminuendo i caratteri avrai la possibilità di ampliare la vista della pagina. Questo naturalmente funziona solo nel caso di testo normale, Se i caratteri sono inclusi in un'immagine o in un'animazione, non ci sarà nessun cambiamento.

Nel menu Visualizza della Barra dei menu, o nel menu Pagina della Barra dei pulsanti, si trova il comando Dimensioni Testo che permette di modificare la grandezza dei caratteri dei testi contenuti nella pagina Web.

Questo comando propone varie grandezze di caratteri, da molto piccolo a molto grande. In figura è visualizzata la pagina di Google con il carattere molto grande.

Altra impostazione utile nel caso di presentazioni, oppure se lo schermo non è molto grande, è il comando Schermo intero presente nel menu Visualizza permette di utilizzare l'intero schermo per la pagina Web nascondendo gli altri elementi come la barra del titolo, barra dei menu, barra di stato, ecc. La schermata occuperà tutto lo schermo. Se porti il cursore in alto appare la sola barra degli Indirizzi con i soliti tre pulsanti di Windows in alto a destra e la Barra dei pulsanti.

Per tornare alla visualizzazione normale si può fare nuovamente un clic sul pulsante Ripristina.

Forse avrai già notato che quando apri i menu a tendina, a fianco di alcuni comandi ci sono delle scritte: Esc, F5, F7, F11 etc. Queste sono le scorciatoie per tastiera (in inglese short cut), ossia basta premere il rispettivo tasto per ottenere la stessa funzione in maniera molto rapida.

Usare la tastiera potrebbe sembrare più laborioso rispetto al mouse, mentre se memorizziamo i comandi più frequenti, cercando di impararne sempre più, potremo velocizzare, quindi migliorare la nostra esperienza con il PC.

Ci sono combinazioni di tasti per fare quasi tutto senza il mouse. Sia durante la navigazione che nell'esecuzione di qualsiasi programma in Windows. Si tratta di scorciatoie per velocizzare le operazioni, per esempio anziché spostare il puntatore fino all'angolo in basso a sinistra per cliccare su start, possiamo premere il tasto con la bandierina di Windows e poi scegliere con le frecce ed eseguire con il tasto invio. Passare da una finestra all'altra premendo ALT + TAB ci fa apparire una finestra con le icone corrispondenti a tutte le attività aperte al momento. Tenendo premuto ALT premendo TAB ripetutamente scegliamo quale portare in primo piano.

Per chiudere la finestra relativa al programma attivo basta premere ALT F4, semmai non avessimo salvato il lavoro, ci viene chiesto se vogliamo salvare ora, prima di chiudere. Mentre se nel programma abbiamo più schede aperte, con CTRL + F4 chiudiamo solo una scheda.

Altri tasti classici condivisi da quasi tutti i software sono: F1 per l'aiuto; F2 durante l'esplorazione delle risorse, per rinominare un file; F3 per la ricerca; F4 in Internet Explorer apre la cronologia delle ultime pagine visitate sulla barra dell'indirizzo; F5 serve per aggiornare / ricaricare la pagina; F6 selezione l'indirizzo attuale, consentendo di scrivere un nuovo sito da visitare; F7 ha funzioni specifiche in base al programma che stiamo usando: in Word avvia il controllo ortografico e grammaticale, mentre nei browser consente la navigazione senza mouse, con le quattro frecce; F8

INFORMATICA: Navigazione e Comunicazione | MMMi

appena acceso il PC, subito dopo il POST del BIOS, premendo il tasto F8 possiamo scegliere di avviare in modalità provvisoria e altri sistemi, per risolvere eventuali errori o conflitti che non possiamo modificare diversamente; F9 è utilizzato solo dai programmi per funzioni specifiche, spesso in combinazione con altri tasti come CTRL + F9, ALT + F9, SHIFT + F9 o addirittura combinazioni di tre tasti tipo CTRL + SHIFT + F9; con il tasto F10 si attiva il menu principale dei software, in IE si seleziona il menù FILE che con le frecce possiamo scorrere; F11 serve per visualizzare il programma a pieno schermo, per tornare alla visualizzazione in una normale finestra dobbiamo premere di nuovo F11; l'ultimo tasto funzione F12, all'interno dei browser, serve solamente per analizzare il codice utilizzato per la compilazione della pagina web e premendolo nuovamente usciamo dalla consolle di programmazione. A proposito di codici di programmazione, con la short cut CTRL + U possiamo visualizzare l'intero codice

L'ultima barra orizzontale in basso è la barra di stato, questa indica una serie di opzioni e, cosa importantissima, ci informa a quale indirizzo puntano i link, quando passiamo sopra con il puntatore del mouse. Poi sono altri avvisi che possono apparire e alla fine, a destra, c'è il livello di zoom attualmente impostato. Per cambiare il rapporto di visualizzazione possiamo scegliere il menù Visualizza, lo Zoom ingrandisce o riduce tutti gli elementi della pagina, inclusi il testo e le immagini. La percentuale di zoom è compresa tra il 50% e il 400%. Cliccando sulla freccia verso il basso, a destra dove c'è indicata la percentuale, si può cambiare la percentuale. ci

Per chiudere il browser fai un clic sul pulsante di chiusura nella Barra del titolo, come per qualsiasi altro applicativo in ambiente Windows, oppure dal menu File scegli la voce Chiudi.

Ricorda che chiudere il browser non significa chiudere il collegamento alla rete; ciò non avviene necessariamente automaticamente. Per scollegarsi dalla rete fai due clic sull'icona di connessione che compare in basso a destra sulla Barra delle applicazioni e scegliere poi il comando Disconnetti nella finestra di dialogo che appare, a meno di aver sottoscritto un abbonamento flat, magari con router Adsl, per cui non t'interessa quanto rimani collegato al provider.

INFORMATICA: Navigazione e Comunicazione | MMMi

CERCARE IN RETE

Internet è un mondo colmo d'informazioni e quando effettuiamo una ricerca, c'è il rischio di perdersi. I motori di ricerca in Internet mettono a disposizione uno strumento che permette di ottenere le informazioni desiderate in modo rapido ed efficace, a condizione di comprendere come funzionano, a quali condizioni e quali sono i limiti.

Dato che il contenuto di un documento residente nella rete non può sempre essere completamente esplicitato tramite il suo URL, Internet si è dotato di sistemi più efficaci ed efficienti per reperire le informazioni desiderate, fra i milioni di documenti presenti in rete.

I motori di ricerca sono siti particolari che consentono di trovare le pagine logicamente collegate agli argomenti richiesti.

Un motore di ricerca è un enorme archivio di dati riguardanti miliardi di pagine Web. I motori di ricerca, aggiornano spesso le pagine tramite dei loro programmi detti *spider* e offrono una situazione aggiornata dei contenuti del Web.

In questo testo illustreremo le funzionalità del motore di ricerca Google, reperibile all'indirizzo www.google.it .

L'utilizzo di un motore di ricerca è a prima vista molto semplice, basta inserire alcune parole

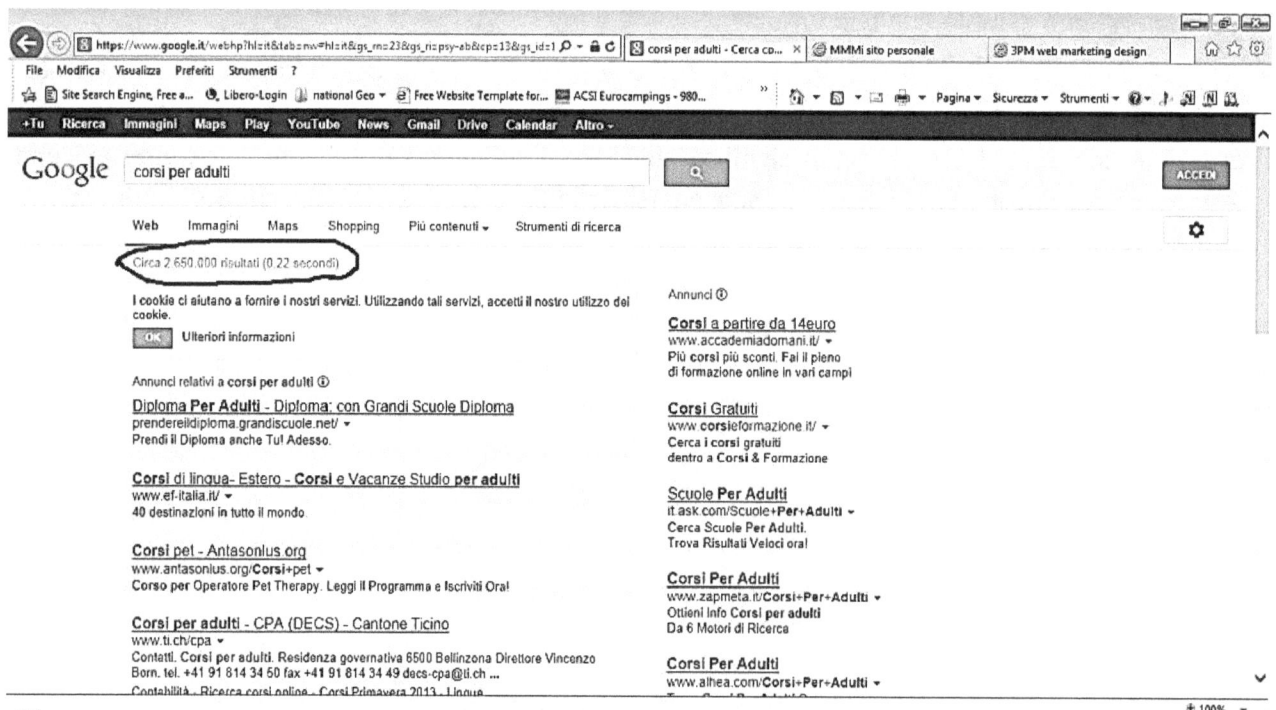

chiave nell'apposito campo e premere il relativo bottone. La prima difficoltà che s'incontrerà è l'eccessivo numero di pagine risultanti da una normale ricerca. Prova a collegarti a www.google.it e inserisci nella casella di ricerca le parole "corsi per adulti".

Solamente due milioni e seicentocinquantamila risultati. Capirai che se speri di trovare qualcosa di specifico, dovrai sforzarti di inserire maggiori chiavi di ricerca. Per esempio indicando la località, soprattutto se precisa, i risultati diminuiscono (corsi per adulti Udine restituisce la metà dei riferimenti, se cerchiamo corsi per adulti Codroipo, i risultati sono trecentoquaranta mila).

Naturalmente non tutti i risultati sono perfettamente pertinenti, d'altronde lo scopo dei motori di ricerca è proprio quello di restituire nell'elenco tutti i siti che, magari marginalmente, trattano l'argomento che stiamo cercando.

Usufruire di questi servizi di ricerca è gratuito, ma ha un costo esorbitante. C'è un lavoro impressionante sia da parte di software sempre più elaborati, sia da parte delle persone sia debbono intervenire quando qualcosa non va bene.

Il guadagno per loro deriva dagli annunci pubblicati. In particolare quando clicchiamo su un annuncio, il sito pubblicizzato deve pagare per ogni visitatore ricevuto. A noi fondamentalmente non reca alcun disturbo, gli annunci normalmente sono all'inizio e alla fine dell'elenco, nonché in una colonna sulla destra. Tutti gli annunci, in linea di massima, sono pertinenti alle chiavi di ricerca che abbiamo inserito, quindi potresti trovare quello che cerchi anche tra gli annunci, ma comunque ci sono tutti i risultati della ricerca.

Mentre scrivi nel campo d'immissione le chiavi di ricerca, Google suggerisce alcune possibilità di ricerca, proponendo il completamento della frase. Se hai già effettuato una ricerca simile in precedenza, allora mentre comincerai a scrivere, ti proporrà subito le chiavi precedenti e poi le altre simili.

Tra le altre caratteristiche innovative dei browser c'è la possibilità di scrivere le chiavi di ricerca direttamente nella barra dell'indirizzo. Se non conosci l'estensione corretta del dominio, o peggio sai solamente il nome dell'azienda o qualsiasi riferimento al sito che stai cercando, puoi semplicemente scrivere sul campo indirizzo e premere invio.

Esclusi gli annunci nelle prime righe, quelli nella colonna a destra, Google grazie alle tecniche di corrispondenza molto sofisticate per trovare parole che siano importanti e rilevanti ai fini della ricerca. Ad esempio, quando Google analizza una pagina, esamina anche il contenuto delle pagine associate, dando la precedenza a quelle in cui i termini ricercati sono presenti in sequenza.

Così come non esiste il motore di ricerca migliore (ognuno ha le sue caratteristiche e specializzazioni), così non esiste la "ricerca perfetta". Ogni argomento ha il suo modo di essere ricercato, ogni ricerca ha le sue peculiarità.

Il successo di una ricerca dipende in larga parte dalle parole chiave inserite.

Per Google non c'è alcuna differenza tra maiuscolo e minuscolo. Stesso discorso per la punteggiatura (l'algoritmo ignora del tutto punti, virgole e due punti) così come le espressioni comuni (congiunzioni, articoli).

Per escludere una parola dalla ricerca, è sufficiente inserire il segno meno ("-") davanti al termine da escludere (ricordati di inserire anche uno spazio prima del segno meno). Equivale all'operatore NOT. Per includere una parola dalla ricerca, è sufficiente inserire il segno più ("+") davanti al termine da includere (ricordati di inserire anche uno spazio prima del segno più). Equivale all'operatore AND. Adesso è quasi inutile: puoi aggiungere tutte le parole da cercare, separate da uno spazio e tutte saranno aggiunte nella ricerca, ma potranno apparire anche le pagine che riportano una delle parole. Altro operatore logico che non serve più utilizzare è OR. Serviva per cercare più di una chiave di ricerca anche se presente una sola. Per esempio Corsi AND Adulti porterà tutte le pagine dove sono presenti sia la parola *Corsi* sia *Adulti* mentre cercando Corsi OR Adulti avremo tutte le pagine che parlano di *Corsi* e quelle che parlano di *Adulti*. Per intenderci molte più pagine. Come dicevo ora non servono molto gli operatori AND e OR dato che Google, se cerchiamo Corsi Adulti presenterà prima tutte le pagine con le prime due parole, poi quelle con una delle due parole, risultato: oltre due milioni e mezzo di pagine trovate.

L'importanza degli operatori di ricerca si comprende quanto sia utile, se non assolutamente indispensabile in certi casi. Se cerchi qualcosa su di me in internet, scrivendo solo Mascioli Marco riceverai circa 104.000 risultati, ma sfogliandoli e sapendo che non faccio karate, né tennis, ma nemmeno calcio e non mi occupo di frigoriferi e non ho un socio che si chiama Andrea, allora potreste limitare la ricerca aggiungendo l'operatore NOT: mascioli marco -tennis -calcio -frigo -karate –andrea, abbassando il ritorno a 46.000. Però sapendo che mi chiamo proprio così, potreste usare anche l'operatore AND aggiungendo un +davanti al nome. In questo modo Google ti darà solo le pagine in cui è presente sia Mascioli sia Marco e dove non ci sono le parole precedute dal segno meno.

Per ricercare una frase precisa con Google è sufficiente racchiuderla tra virgolette. Ad esempio specificando la frase "Questo aiuta soprattutto ad alimentare la passione" tra virgolette si trovano i siti che presentano la frase completa. Questa frase al momento è presente solo nel mio sito MMMi.it. Se rimuovessi le virgolette ci sarebbero oltre dodici milioni di pagine che presentano una delle parole cercate. La mia sarebbe la prima dell'elenco, perché presenta tutte le parole cercate nell'ordine corretto.

Imparare a utilizzare gli Operatori Booleani per la ricerca in Google è molto comodo, ma in alternativa, in basso a destra nella pagina iniziale del motore di ricerca, troviamo la parola ipertestuale IMPOSTAZIONI. Tramite quel temine possiamo raggiungere una serie di funzioni avanzate di Google: impostazioni avanzate, sono quelle che possiamo settare per tutte le future navigazioni in Google; ricerca

INFORMATICA: Navigazione e Comunicazione | MMMi

avanzata, ovvero gestire una ricerca con filtri e opzioni senza usare gli operatori. Scegliendo la Ricerca avanzata appare la pagina Web con caselle di testo, menu contestuali, elenchi a discesa, caselle di controllo, pulsanti di opzione del modulo di ricerca.

Qui sotto puoi vedere la pagina con le funzioni di ricerca avanzata che permettono di definire le

parole da includere/eliminare, la lingua, la tipologia di file (solo .pdf o .ppt), il dominio, la zona e tanti altri filtri che peraltro sono spiegati con chiarezza sulla destra di ogni singola voce.
Se fai clic sul link Data, diritti di utilizzo, regione e altro ancora puoi accedere a ulteriori parametri di ricerca. Ad esempio puoi indicare il periodo di riferimento e il paese di provenienza della pagina Web. Safe Search è un altro strumento che può essere attivato dalla pagina di Ricerche Avanzate. Se selezionato, elimina tutti i risultati considerati scabrosi, secondo diversi livelli: [medio] non visualizza le immagini esplicite, ma non filtra i normali risultati web; [massimo] esclude tutti i risultati. Prova ad attivarlo e avvia una ricerca, con il pulsante Ricerca Avanzata. Sulla destra nella

pagina principale di Google appare il menu di Safe Search (vedi pagina precedente).

Una volta trovato quello che stai cercando, dalla rete puoi prelevare documenti, immagini, giochi, file, suoni e molto altro ancora.

INFORMATICA: Navigazione e Comunicazione | MMMi

SCARICARE IL MONDO

Se abbiamo bisogno di un file presente su internet, per utilizzarlo nel tuo PC, per esempio anche quando non sei connesso alla rete, allora devi scaricarlo (in inglese Download). Nel web possiamo trovare canzoni, filmati, documenti, moduli, e tantissime altre cose che possono essere utili da consultare, ascoltare o visionare anche più volte nel tempo. Fondamentalmente esistono due tipi di download, quelli previsti, legali, autorizzati e quelli "imprevisti", per così dire.

Nel primo caso ci riferiamo a tutti i file che, chi li ha pubblicati su internet, intendeva mettere a disposizione di chiunque, proprio per essere scaricati, altri sono e debbono rimanere fruibili solamente tramite il sito, connessi al web. Esistono tanti sistemi per proteggere i file dall'uso fraudolento e altrettanti per violare quelle protezioni. Teniamo sempre in considerazione la legge sui diritti d'autore e ricordiamo che anche una qualsiasi pagina web è da considerarsi alla stregua di un'opera d'arte. Così come non potremmo fotocopiare un libro, un quotidiano o un'enciclopedia, così dobbiamo rispettare la volontà degli autori che pubblicano sul web. Esistono delle eccezioni, ovvero delle situazioni in cui si accetta che il materiale, sebbene di vietata riproduzione, possa essere scaricato o salvato in locale nel proprio hard disk. Innanzi tutto per consultazione privata successiva. Non può essere ripubblicato in alcun modo, ma possiamo vederlo anche senza connessione internet. Altro motivo di giustificato download, a prescindere da quello che ritiene l'editore, è a scopo d'istruzione, cioè se per studio, insegnamento o ricerca abbiamo bisogno di quel materiale. Alla stessa maniera delle fotocopie d'un libro, è assolutamente illegale distribuire il materiale altrui a tutti gli allievi, se questo arreca danno economico al titolare. Per esempio se io proietto in aula la pagina di google per spiegarne il funzionamento, non c'è problema.

Invece se con il mio abbonamento al Corriere della Sera on line, faccio leggere a tutti il quotidiano di oggi, allora genero un danno economico alla testata giornalistica. Ci sono tantissime cose utili disponibili gratuitamente in rete tra cui testi, moduli, libri, spartiti, programmi sia in versione dimostrativa, magari per un periodo di tempo limitato, ma anche completamente gratuiti e completamente funzionanti. Nel caso volessimo scaricare un programma gratuito, dobbiamo fare attenzione al tipo di licenza dichiarato dall'autore. Per la legge italiana la cessione dei diritti d'autore sul software deve avvenire in forma scritta, il che implica che le forme di accettazione della licenza diverse da quella scritta hanno dubbia validità giuridica. Nella pratica, l'accettazione delle clausole del codice sorgente. In questo caso la licenza è accettata implicitamente con l'utilizzo del software. Se si usa il software vuol dire che si accetta anche la licenza, mentre se non si usa vuol dire che non si accetta. Questo tipo di licenza è adottato da software che mettono a disposizione i sorgenti oltre gli eventuali eseguibili. Durante la fase di installazione del software, quando è chiesto esplicitamente se si vuole accettare la licenza indicata: in caso di risposta negativa il software non procederà all'installazione. Tale licenza normalmente è usata da quei software che distribuiscono soltanto gli eseguibili (es. software proprietario);

Altrimenti bisogna accettare la licenza prima di poter scaricare il programma, alle volte occorre

INFORMATICA: Navigazione e Comunicazione | MMMi

compilare un modulo interattivo in cui si dichiara di accettare la licenza, magari con l'obbligo di registrazione al sito web dove sarà possibile effettuare il download. Nel caso di programmi distribuiti su supporti come CD o DVD, aprendo le custodie dei dischi dove sono registrati i programmi acquistati, si convalida l'accettazione delle condizioni di licenza (licenza a strappo, dev'essere rotto il sigillo). È molto importante leggere le licenze prima di usare il programma perché se non si rispetta la licenza si compiono delle azioni illegali e decadendo la licenza non si ha più diritto né all'uso del software né a qualsiasi azione di rivalsa contro chi ci ha fornito o chi ha prodotto tale software.

Per prima cosa leggi bene tutto, se il testo è in una lingua straniera, utilizza i traduttori on line. Non fare confusione tra il download gratuito e il software gratuito. Scaricare gratis un programma non significa obbligatoriamente che si possa utilizzare senza pagare per una chiave d'attivazione o un numero seriale per l'installazione.

EULA o End User License Agreement (accordo di licenza con l'utente finale) è il contratto tra il fornitore di un programma software e l'utente finale. Tale contratto assegna la licenza d'uso del programma all'utente nei termini stabiliti dal contratto stesso. Caratteristica dell'EULA è che l'acquisto del programma software precede l'eventuale lettura del contratto e la sua accettazione da parte dell'utente. Il contratto è presentato all'utente in forma di foglio all'interno della confezione con cui il programma è distribuito, o in forma elettronica durante le fasi di installazione del programma. In caso di EULA su foglio l'accettazione dei suoi termini è in genere prevista alla presa visione, a meno della restituzione del prodotto entro un certo intervallo definito dal contratto stesso.

SHAREWARE, conosciuto anche come trial (prova, collaudo), è una tipologia di licenza software molto popolare sin dai primi anni novanta. sono distribuiti con licenza shareware in genere programmi facilmente scaricabili via Internet o contenuti in CD e DVD quasi sempre allegati alle riviste di Informatica in vendita in edicola. Il software sotto tale licenza può essere liberamente ridistribuito e può essere utilizzato per un periodo di tempo di prova variabile (generalmente 30 o 60 giorni). Scaduti questi termini, per continuare a utilizzare il software è necessario registrarlo presso la casa produttrice, pagandone l'importo stabilito. All'avvio dell'applicazione shareware, generalmente una schermata informa l'utente su come effettuare la registrazione e sulle condizioni di utilizzo. La versione di prova può avere, in aggiunta o in alternativa alla durata limitata, limitazioni quali l'impossibilità di stampare o salvare i file o funzioni non disponibili, numero di utilizzi limitato, contenere al suo interno meccanismi di protezione tali da impedire di utilizzare il software dopo la scadenza, mancanza di supporto del produttore, watermarks audio o video sovraimposti ai file multimediali prodotti e altro. Come detto per ogni protezione esiste qualche sistema illegale per aggirare queste limitazioni. Inutile rimarcare che si tratta di operazione assolutamente in violazione delle leggi. Una volta acquistata e pagata la versione completa è generalmente fornito un codice seriale da inserire nell'applicativo per sbloccarne le funzioni senza dover effettuare una nuova installazione.

FREEWARE significa libero, gratuito. Sono i programmi distribuiti indifferentemente con o senza codice sorgente, a totale discrezione dell'autore e senza alcun obbligo al riguardo. È sottoposto esplicitamente a una licenza che ne permette la redistribuzione sempre gratuita. Il software freeware

INFORMATICA: Navigazione e Comunicazione | MMMi

è concesso in uso senza alcun corrispettivo, ed è liberamente duplicabile e distribuibile, con pochissime eccezioni. Di norma l'autore che decide di rilasciare il suo lavoro come freeware, esercitando appieno il suo diritto di scegliere le forme e le modalità di distribuzione che ritiene più idonee, inserisce esplicitamente delle clausole che impediscono qualsiasi tipo di pagamento per la distribuzione del suo software, fatto salvo un eventuale "piccolo" rimborso per supporti e spese di duplicazione. Altri esempi di restrizioni opzionalmente inserite dagli autori sono le limitazioni all'utilizzo da parte di istituzioni statali o forze armate, ma normalmente è escluso l'utilizzo per fini commerciali. Il software Freeware si compone delle seguenti categorie:

AD WARE sono programmi distribuiti freeware, ma richiedono all'utente la visione di messaggi pubblicitari per il loro utilizzo. Il termine deriva dall'inglese ADvertising, ovvero annunci pubblicitari. Le réclame sempre più spesso sono scaricate tramite una connessione internet che risulta indispensabile per l'uso del programma e per questo motivo è abbastanza frequente che il software AD ware contenga spyware (da spione, piccoli programmi che ricavano informazioni personali all'insaputa dell'utente e senza il suo permesso, per esempio le ricerche su internet nel migliore dei casi, fino ai dati sensibili contenuti nel PC). Spesso sono installati con il tacito consenso dell'utente, quando sceglie l'installazione rapida. Quando scarichi un programma dal web, scegli sempre l'installazione personalizzata. Vedrai che in molti casi, nei vari passaggi dell'installazione, ti viene proposto d'installare altro software, completamente diverso, che solitamente si presenta come barre aggiuntive per browser o strumenti per ottimizzare il computer, ma in realtà hanno il solo scopo di monitorare la tua navigazione per proporti pubblicità mirate, in base ai tuoi gusti. Se hai scelto l'installazione personalizzata puoi togliere i visti dalle caselle, quindi non installi null'altro che ciò che vuoi, mentre se scegli l'installazione rapida, semplificata, immediata etc. avrai anche tutti i programmi che non desidereresti mai.

DONATIONWARE è uno strumento molto utilizzato dai giovani programmatori. L'autore chiede agli utenti del proprio software di fare una donazione a sé stesso o a una terza parte (per esempio un ente benefico). La donazione di solito è facoltativa, per cui questo genere di software ricade quasi sempre nella definizione di freeware a tutti gli effetti.

PD – PUBLIC DOMAIN è il software di pubblico dominio. Questa categoria di software non è soggetta a copyright: l'autore, con la dichiarazione del rilascio del suo software al pubblico dominio, rinuncia esplicitamente a qualsiasi diritto in merito. Molto spesso il software rilasciato al public domain include i sorgenti, o è composto esclusivamente da file sorgente. Il PD non è tutelato per i diritti dell'autore originario, che rinuncia al riconoscimento.

ABANDONWARE rientra in questa definizione tutto quel software commerciale che non è più commercializzato da lungo tempo, ed è quindi considerato "abbandonato". La licenza originaria di questo software, di solito, essendo di tipo commerciale proibiva la ridistribuzione o richiedeva un pagamento di qualche tipo. Il termine "abandonware" viene anche utilizzato come modo alternativo per indicare un software originariamente commerciale, che è stato successivamente ed esplicitamente rilasciato come freeware o public domain. Molte software house, hanno l'abitudine di rilasciare gratuitamente versioni "obsolete" del loro software, spesso in abbinamento con riviste specializzate, al fine di promuovere l'acquisto di nuove versioni con sconti e incentivi sotto forma di upgrade (aggiornamento). Tali versioni gratuite, contrariamente allo shareware, sono dotate di tutte le normali funzionalità e sono da ritenersi a tutti gli effetti regolarmente licenziate, salvo clausole specifiche esplicitamente riportate nella documentazione allegata.

POSTCARDWARE. Questo tipo di software è essenzialmente freeware; l'autore però richiede la cortesia di spedirgli una cartolina (in inglese postcard) di ringraziamento. Oggi è frequente un messaggio di posta elettronica o comunque un ritorno (in inglese feedback). Ovviamente questo tipo di "compenso" è del tutto facoltativo. Questo meccanismo, molto più diffuso in passato rispetto a oggi, consente all'autore di corredare il suo Curriculum Vitae e soddisfare il suo ego. Secondo la Free Software Foundation un software si può definire libero solo se garantisce quattro "libertà fondamentali": libertà di eseguire il programma per qualsiasi scopo; libertà di studiare il programma e modificarlo; libertà di ridistribuire copie del programma in modo da aiutare il prossimo; Libertà di migliorare il programma e di distribuirne pubblicamente i miglioramenti, in modo tale che tutta la comunità ne tragga beneficio. Un programma è software libero se l'utente ha tutte queste libertà. In particolare, se è libero di ridistribuire copie, con o senza modifiche, gratis o addebitando delle spese di distribuzione a chiunque e ovunque. Essere liberi di fare queste cose significa che non bisogna chiedere o pagare nessun permesso. Buona parte del software libero è distribuito con la licenza GNU GPL (GNU General Public License), scritta per garantire legalmente a tutti gli utenti le quattro libertà fondamentali sopra menzionate. Dal punto di vista dello sviluppo software, la licenza GPL è considerata una delle più restrittive, poiché impone che necessariamente ogni prodotto software derivato ovvero, chi modifica o usa codice sotto GPL, venga a sua volta distribuito con la stessa licenza.

GNU LGPL è una licenza simile, ma meno restrittiva, (GNU Lesser General Public License), che permette di utilizzare il codice anche in software proprietario e sotto altre licenze open source, purché le parti coperte da LGPL, anche se modificate, siano comunque distribuite sotto la medesima licenza. In genere è utilizzata per librerie software. Un'altra licenza degna di nota è l'APACHE License, prodotta dalla Apache Software Foundation; L'Apache License considera un prodotto derivato alla stregua della LGPL, ma è più liberale nella concessione delle proprietà intellettuali. Le varie licenze libere possono contenere ulteriori limitazioni per alcune situazioni particolari; per esempio la GPL prevede che si possa esplicitamente vietare l'uso del software nelle nazioni dove tale licenza non è valida o dove dei brevetti software impediscono la distribuzione di tale software.

Le licenze d'uso non vietano in genere di vendere software libero e di solito non stabiliscono minimamente il possibile prezzo di vendita. Rimarco la necessità di leggere quanto contenuto nella licenza per sapere come ci dobbiamo comportare, ma anche tutti gli avvisi. Prestare attenzione ai testi prima di cliccare AVANTI, comprendendo bene quanto scritto, magari con l'aiuto di un traduttore, distinguendo la differenza tra programma gratuito e download gratuito. Per chiarire: se dicono che si può scaricare gratis, potrebbero intendere anche un programma a pagamento, senza possibilità d'utilizzo, se non dopo aver pagato e ottenuto un codice seriale (chiave software) da inserire per avviare il software o addirittura per l'installazione. Inutile aspettare tanto tempo per scaricare e installare qualcosa che non funzionerà mai, quando è sufficiente leggere con attenzione prima. Tra i programmi gratuiti a disposizione di tutti grazie a internet, ci sono applicativi che rispondono a tutte le esigenze. Software che costano decine di migliaia di euro hanno l'analogo programma freeware. Magari si tratta di utilizzare due o tre applicativi diversi per fare le cose che potremmo fare con uno solo, ma se consentono di risparmiare tanti soldi e non commettere crimini, credo sia la scelta giusta. Pensando ad altri file da scaricare, mi vengono in mente subito le canzoni. Oggi si possono acquistare sul web, a pochi centesimi di euro, le canzoni appena pubblicate e crearsi una compilation dei brani che preferiamo.

Utilizzare i server peer-to-peer totalmente illegali e commettere crimini condividendo brani o album senza considerare che siamo esposti ad attacchi informatici da parte di chiunque e soprattutto diventiamo immediatamente tracciabili da chiunque, comprese le forze di polizia, a me sembra davvero assurdo. Ci sono moltissimi giovani cantanti e gruppi musicali emergenti che pubblicano gratuitamente la loro musica di ottima qualità, così possiamo risparmiare quei pochi centesimi. Parliamo poi dei film, soprattutto per noi italiani, che per risparmiare qualche euro, che comunque non sarebbe obbligatorio spendere al cinema, scarichiamo file in pessima qualità, con l'audio della sala cinematografica con spettatori che ridono o piangono. Basterebbe attendere qualche mese e gustarlo in televisione. Se invece vuoi essere il primo a vedere un film di cui non sai nulla, puoi rivolgerti a siti che distribuiscono opere inedite di registi in erba, sia cortometraggi sia film veri e propri. Internet non ha limiti, pensa a qualsiasi cosa e se esiste la versione virtuale, allora è presente in rete. Le enciclopedie, hanno Wikipedia, ma anche i siti di Treccani, sapere, britannica e tante altre, tutte rintracciabili tramite motori di ricerca. Ci sono i libri, con il formato PDF o e-book, alcuni sono gratuiti, altri hanno un costo che non ha paragoni con la versione cartacea.

Per scaricare un file durante la navigazione con IE 10 abbiamo due possibilità che ci sono proposte in fondo alla pagina con una finestra orizzontale come questa:

Possiamo decidere di eseguire il programma d'installazione, come la canzone o aprire il file con il programma opportuno, ovvero possiamo salvare il file per utilizzarlo in futuro. L'opzione salva in realtà ha delle alternative disponibili tramite la freccia in basso: salva (nella cartella predefinita per il download), salva con nome (per cambiare il nome e la destinazione del file in una cartella diversa), oppure salva ed esegui. Se hai un antivirus (cosa fortemente auspicabile se non indispensabile) la prima cosa che il sistema operativo fa, appena terminato di scaricare il file, è il controllo dei virus. Nel caso di un programma eseguibile, apparirà una finestra d'avviso, tanto inutile quanto rassicurante, che chiede conferma dell'esecuzione di un file potenzialmente pericoloso. Posso garantire che se si trattasse di un virus non seguirebbe questa procedura, ovvero sarebbe camuffato in un programma che v'interessa installare. Difficilmente scelgo d'installare un programma che si chiama Virus_che_rovina_tutto.EXE.

Sulla base delle informazioni in mio possesso, se ho deciso di scaricare e avviato l'installazione di un determinato file, non si comprende perché ci dovrei ripensare. Quest'avviso appare anche se vogliamo installare un applicativo Microsoft. Non mi dire che il sistema operativo Windows non riconosce la provenienza del file, se lo ha prodotto la stessa Software house. Per rincarare la dose, se hai un sistema operativo successivo a Windows Vista, quindi anche seven o eight, potreste anche aver bisogno di andare su Start, Pannello di Controllo, Account utente e Impostazioni di controllo dell'account utente. Puoi azzerare completamente il livello, se non lo hanno già fatto, allo scopo di eliminare tutti gli avvisi che ti fanno sentire un celebroleso ogni qualvolta voglia spostare un file, eseguire un'installazione o cancellare qualcosa. Se Microsoft riconoscesse almeno i suoi programmi, questo controllo sarebbe molto utile, ma dato che praticamente qualsiasi operazione richiede la conferma della tua volontà…….

A parte questo sfogo, riferito a una delle tante procedure assurde di cui mi occuperò ampiamente nel volume dedicato al sistema operativo, pensiamo a dove mettere i file che stiamo scaricando. Inizio col dire che desktop in inglese significa scrivania. La trasposizione di questo nome in informatica serve proprio per equiparare facilmente la funzione virtuale all'oggetto fisico.

Se ogni cosa fosse riposta sul tavolo da lavoro, dopo poco non avreste più spazio, ma soprattutto ci sarebbe una confusione tale da non riuscire più a trovare nulla. Ci sono inoltre altre motivazioni tecniche che fanno prediligere il desktop vuoto, o quasi: dato che solitamente utilizziamo icone di dimensioni medie, questo significa che il sistema operativo deve caricare le icone o le anteprime di tutti i file presenti ogni volta che siamo sul desktop.

Per lavorare bene, l'organizzazione e l'ordine sono indispensabili.

Sul mio desktop c'è il cestino e il collegamento alla cartella documenti. Inoltre ci sono, come su qualsiasi scrivania di chi lavora, tutti i documenti che sto utilizzando in questo preciso momento. I file che ho appena scaricato, sono sicuramente gli ultimi sulla scrivania, ma appena avrò deciso cosa fare di loro, terminata l'installazione nel caso di programmi o stabilito il tipo documento, canzone, video o qualsiasi altra cosa, troverà giusta collocazione all'interno della cartella documenti, nella sottocartella che ha il nome che mi fa capire bene cosa contiene e possibilmente delle sottocartelle

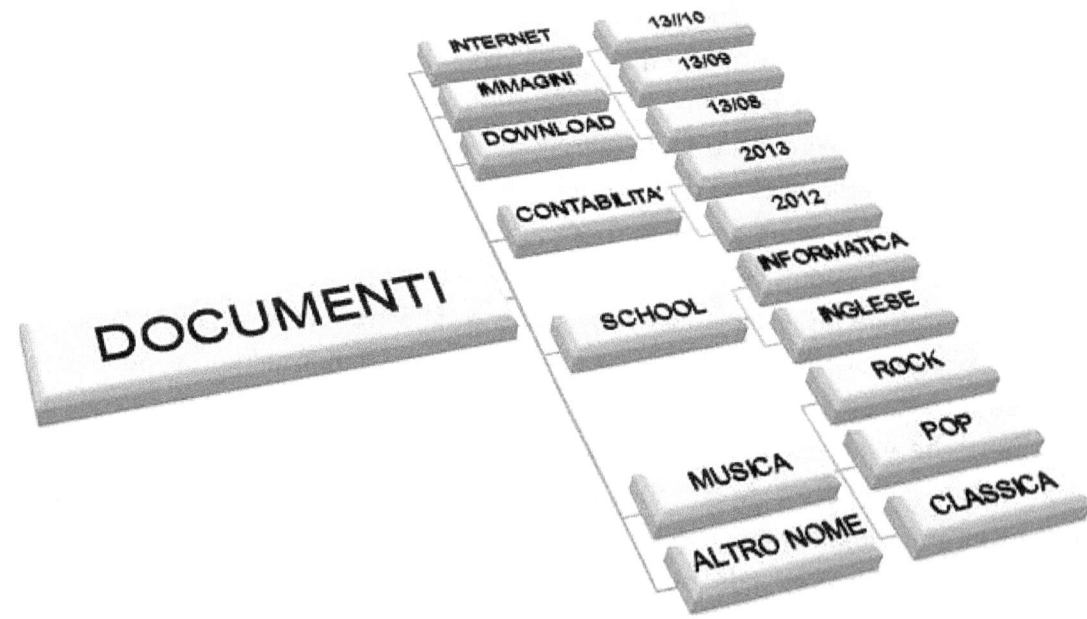

INFORMATICA: Navigazione e Comunicazione | MMMi

che mi consentano di mantenere l'ordine per trovare ogni cosa al suo posto. Un esempio di rappresentazione grafica della mia cartella documenti potrebbe essere questo nell'immagine qui sotto.

La differenza tra gestire i file in questo modo e averli tutti sul desktop, è un click per aprire la cartella documenti e trovare tutto organizzato logicamente. Facendo tante fotografie da molti anni, ho deciso di suddividere la cartella immagini in sottocartelle con anno/mese. Sebbene soggettivo, il sistema mi permette di cercare qualsiasi foto basta che mi ricordi quando l'ho scattata (casomai chiedo a mia moglie). Sempre per esempio, la musica sarà suddivisa per genere: classica, pop, rock etc. Quando scarichi un file da internet, in questo modo, sai subito dove salvarlo e in seguito dove trovarlo.

Nel caso di programmi che vogliamo installare subito, possiamo scegliere di eseguire il file. In questo modo sarà scaricato e salvato nella cartella temporanea, poi avviato automaticamente. Per la cronaca: non credere che il file poi si cancelli da solo, come potrebbe sembrare logico. Dovrebbe essere così, ma non funziona. Con l'occasione apro una breve parentesi relativa alla manutenzione degli Hard Disk: non è più necessario eseguire attività manutentiva come scandisk o defrag se non in casi eccezionali, ma ogni tanto una pulizia del disco (in senso virtuale ovviamente, non devi usare lo straccio per la polvere) fa bene al sistema e libera spazio utile.

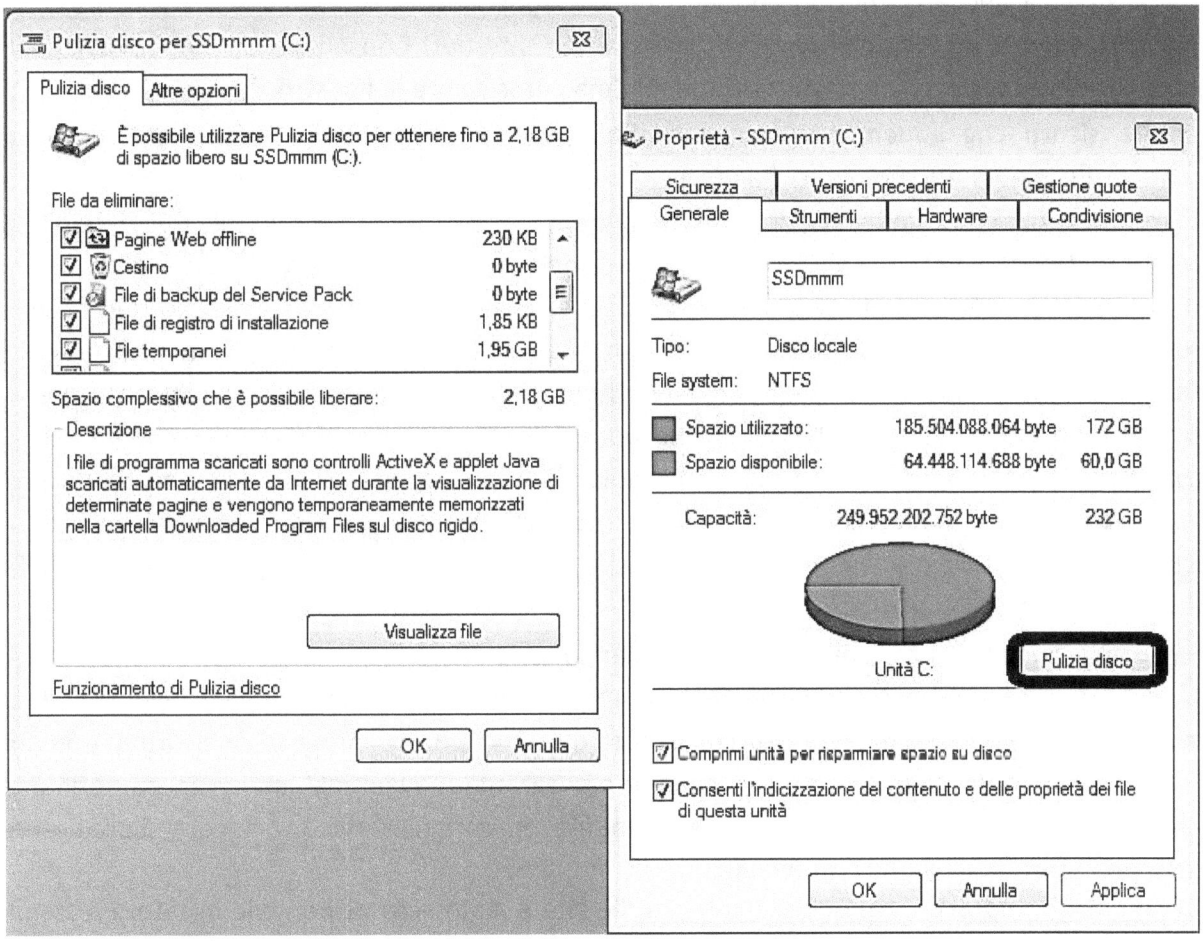

INFORMATICA: Navigazione e Comunicazione | MMMi

Nulla di più semplice: clicca su Start, poi scegli computer e posizionando il puntatore del mouse sul disco principale, premi il tasto destro e scegli proprietà. La prima schermata è relativa proprio alle impostazioni generali del disco rigido (a destra nella foto). Qui si può modificarne l'etichetta (il nome), fare la pulizia e comprimere i file su disco per avere più spazio, nonché indicizzare tutti i file per una ricerca più veloce.

Le ultime due impostazioni sono consigliabili soprattutto se il PC è praticamente nuovo, altrimenti ci mette parecchie ore per elaborare tanti Gigabyte. Scegliendo di fare la pulizia del disco, poco dopo appare una finestra dove dobbiamo apporre i visti sulle categorie di dati da eliminare. Praticamente tutti i file proposti possono essere cancellati, se il PC funziona correttamente. Basta apporre il visto su tutte le voci e dargli OK. Se hai appena installato un aggiornamento importante del sistema operativo, allora potreste evitare di cancellare i relativi file di ripristino per qualche giorno. Dopo alcuni riavvii, essendo sicuri della funzionalità del PC, puoi cancellare tutto. A proposito di aggiornamenti, voglio avvisarti che tutte le storie che sentite in merito ai cosiddetti "buchi" nei sistemi operativi e nei programmi più diffusi, sono solo un decimo della realtà. Il sistema migliore per proteggere i nostri dati, il nostro computer e tutti i programmi che abbiamo è quello di aggiornare il più possibile il sistema operativo, insieme all'antivirus. Della serie errare è umano, ma perseverare... così anche le migliori software house, appena si accorgono degli errori, pongono rimedio mettendo a disposizione le correzioni tramite internet. Consentire un Windows Update almeno una volta a settimana è la precauzione minima per la salute del nostro apparato.

Per essere sicuro che l'operazione venga svolta davvero, controlliamo l'orario del download automatico, Bill Gates e i suoi amici hanno i PC eternamente accesi e connessi, altrimenti non si spiegherebbe perché di default l'aggiornamento dovrebbe avvenire la domenica alle due di notte. Se non fai anche tu come loro, ma alle volte il fine settimana spegni il PC, potresti ritenere opportuno modificare sia il giorno sia l'ora, magari impostandolo all'ora dei pasti, per esempio. Io suggerisco la frequenza giornaliera con lo scaricamento, l'installazione e la ricerca di aggiornamenti anche per altri programmi che non siano parte integrante del sistema operativo, tutto in automatico. In questo modo anche un giorno non uso il PC il giorno dopo, alle tredici, inizierà l'aggiornamento. Per la cronaca la scelta dell'orario, nei computer più nuovi e con prestazioni esorbitanti, non ha nessuna rilevanza. Nei PC più datati, con poca RAM, processori vecchi e magari anche una linea di connessione lenta, utilizzare applicativi mentre si stanno installando gli aggiornamenti, può far rallentare tutto, fino all'esasperazione.

In merito alla corretta manutenzione e aggiornamento del sistema, nell'immagine precedente, relativa al mio PC, a sinistra si nota che i File Temporanei occupano quasi due gigabyte di dati. Lo spazio complessivo che attualmente risulta sprecato è di 2,18 GB. Se vuoi essere sicuro di non fare danni ti suggerisco di chiudere tutti i programmi, salvando eventuali lavori aperti, prima di procedere all'eliminazione definitiva. Qualora alcuni file temporanei servissero ancora ai programmi utilizzati, non sarebbe possibile rimuoverli.

In modo analogo puoi scaricare qualunque altro file che è stato reso disponibile in rete. Prestando attenzione alla funzionalità dell'antivirus e all'aggiornamento del suo database, potrai

INFORMATICA: Navigazione e Comunicazione | **MMMi**

tranquillamente scaricare, installare e provare tutto quello che ti serve.

Ti suggerisco però, dopo aver testato e considerato totalmente inutile un programma o un file qualsiasi, di provvedere alla disinstallazione, tramite pannello di controllo - programmi e funzionalità, ovvero se nella stessa cartella del programma c'è un utility di rimozione del software, puoi usare quella.

Per sicurezza, vai comunque nel pannello di controllo, in programmi e funzionalità, ordinando per data d'installazione, a controllare di aver rimosso tutto ciò che non t'interessa.

FINESTRE O SCHEDE

Tra le impostazioni contenute in una parola o oggetto ipertestuale, c'è la possibilità di far aprire il collegamento in un'altra finestra. Nelle versioni più recenti dei browser è possibile che si apra in una nuova scheda. In questo caso puoi passare facilmente da una finestra all'altra utilizzando la Barra delle applicazioni. In ogni caso, a prescindere dalla volontà dell'editore della pagina web, puoi cliccare il tasto destro del mouse e scegliere apri in una nuova scheda oppure apri in una nuova finestra. La differenza è abissale. Le schede sono tutte all'interno di una stessa finestra, per cui possiamo passare da una scheda all'altra molto rapidamente. Se stai facendo una ricerca, per esempio, poi trovare comodo aprire delle schede per tutti i risultati che ti sembrano pertinenti. Poi vedi se hai trovato quello che vuoi e chiudi le schede cliccando sulla X relativa.

Magari al contempo ti viene in mente qualcos'altro da cercare, quindi puoi trovare comodo aprire una nuova finestra per gestire, con altre schede, la nuova ricerca, senza confonderle tutte nella stessa finestre.

Le schede sono delle linguette che appaiono nella parte superiore del browser. Nella configurazione classica, sono in linea con l'indirizzo web. Questo consente di chiudere una singola scheda semplicemente posizionando il puntatore, dopo l'apparizione della X. Dopo l'ultima linguetta delle schede aperte, c'è un quadratino vuoto. Cliccando su quel quadrato, si apre una nuova scheda.

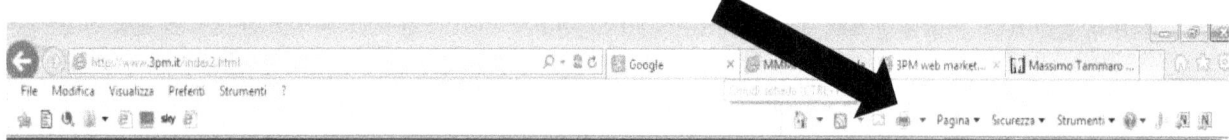

In alternativa premendo CTRL + T, Internet Explorer visualizza la nuova scheda.

Per continuare a parlare di scorciatoie da tastiera, ti ricordo che per chiudere qualsiasi finestra, programma o applicativo, basta premere ALT + F4 mentre per chiudere una scheda, funziona CTRL + F4.

Se provi a chiudere con ALT + F4 o cliccando sulla X in alto a destra di Internet Explorer mentre abbiamo alcune schede aperte, nella configurazione classica, appare un avviso in cui ti chiede conferma della volontà di chiudere tutte le schede, ovvero solo quella corrente.

Se metti il visto su Chiudi sempre tutte le schede, dalla prossima volta non apparirà più

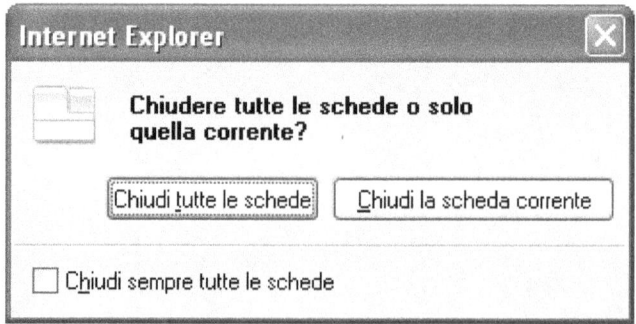

l'avviso. Quando apri una nuova scheda, ti si presenta una pagina con le anteprime di tutte le schede aperte di recente. In questo modo puoi selezionare la scheda che t'interessa con un clic.

Le schede possono essere aggiunte o eliminate da questa pagina, per essere sicuri di avere davvero quelle utili.

La possibilità di utilizzare principalmente finestre o schede è, come quali tutte le impostazioni,

INFORMATICA: Navigazione e Comunicazione | MMMi

gestibile a piacere. Basta premere ALT + X ovvero l'ingranaggio presente sotto la X per accedere alle impostazioni di IE 10. Poi Opzioni Internet come per modificare la pagina iniziale.

Al centro vediamo il pulsante Schede. Se lasciamo il visto sulla prima scelta, Attiva esplorazione a schede, poi si può vistare o meno le varie opzioni come vedi nell' immagine qui a sinistra.

Quando si apre una nuova scheda, si può scegliere di avere la pagina con le anteprime delle schede che solitamente visitiamo, oppure una nuova pagina vuote, ma anche la pagina iniziale di Internet Explorer.

Tra le opzioni che troviamo subito sotto, c'è la possibilità di consentire ai siti di aprire popup in riquadri separati, piccole finestre, in alternativa si possono aprire i popup in una nuova finestra, ovvero in una nuova scheda.

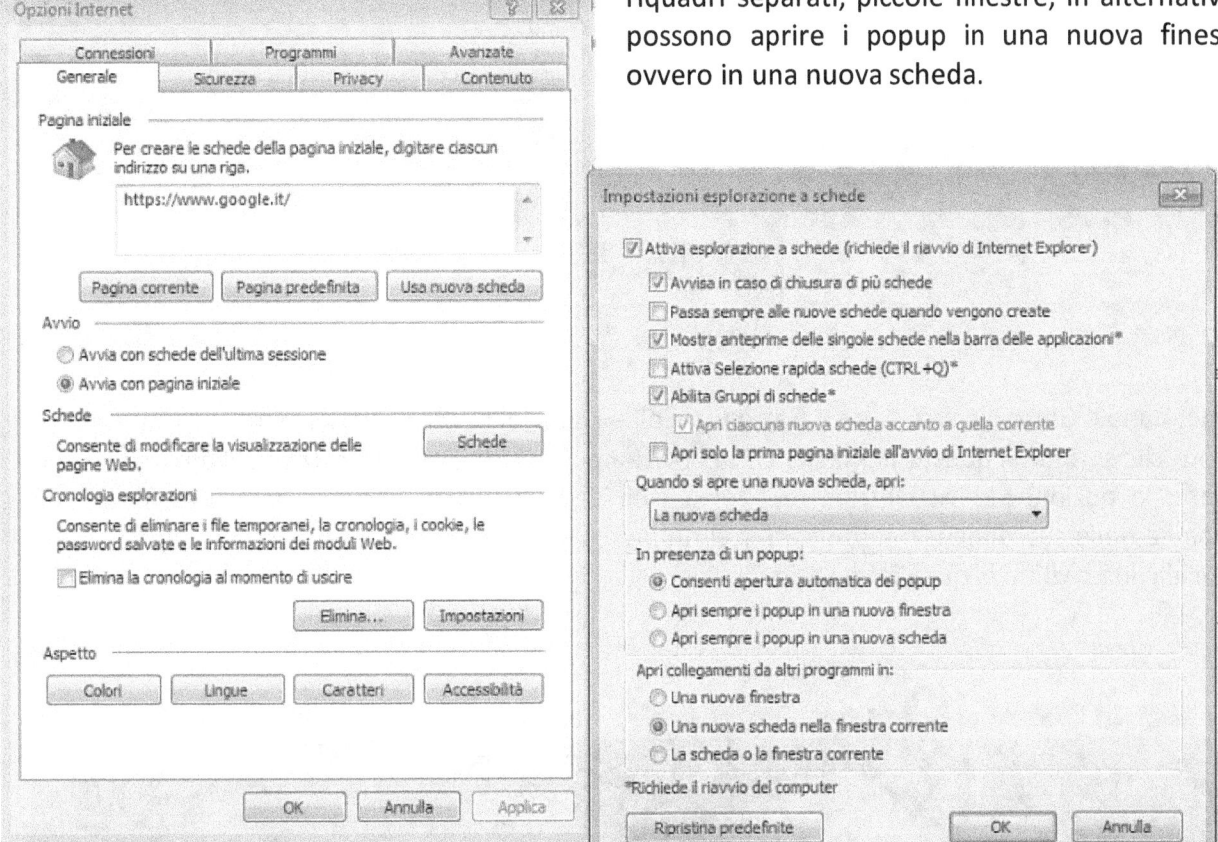

Internet Explorer è il programma predefinito, di default dal sistema operativo, per visualizzare le pagine web, ma anche per altri tipi di file, per esempio le Gif animate o altri tipi id immagini se non disponi di altri programmi specifici. La successiva impostazione si riferisce ai casi in cui vuoi aprire un file nel PC che sarà visualizzato su IE, possiamo decidere se aprirlo in una nuova finestra, una nuova scheda della finestra attuale, oppure in sostituzione della scheda o la finestra attuale. Come tutte le impostazioni personalizzate, dovresti provarle tutte per comprendere quali preferisci.

Torniamo alla pagina principale di Google per parlare di immagini. Grazie al menù orizzontale in alto nella pagina, possiamo cambiare il genere di ricerca. Web significa che cerchiamo tra tutte le pagine presenti in internet, mentre Immagini, ovviamente restituisce solamente le foto e i disegni relative alle chiavi di ricerca inserite.

Oltre ai risultati, nella pagina appaiono anche dei suggerimenti per una ricerca affinata. In questo caso ho cercato Cane e gatto, così Google propone anche immagini specifiche per Cane e Gatto

INFORMATICA: Navigazione e Comunicazione | MMMi

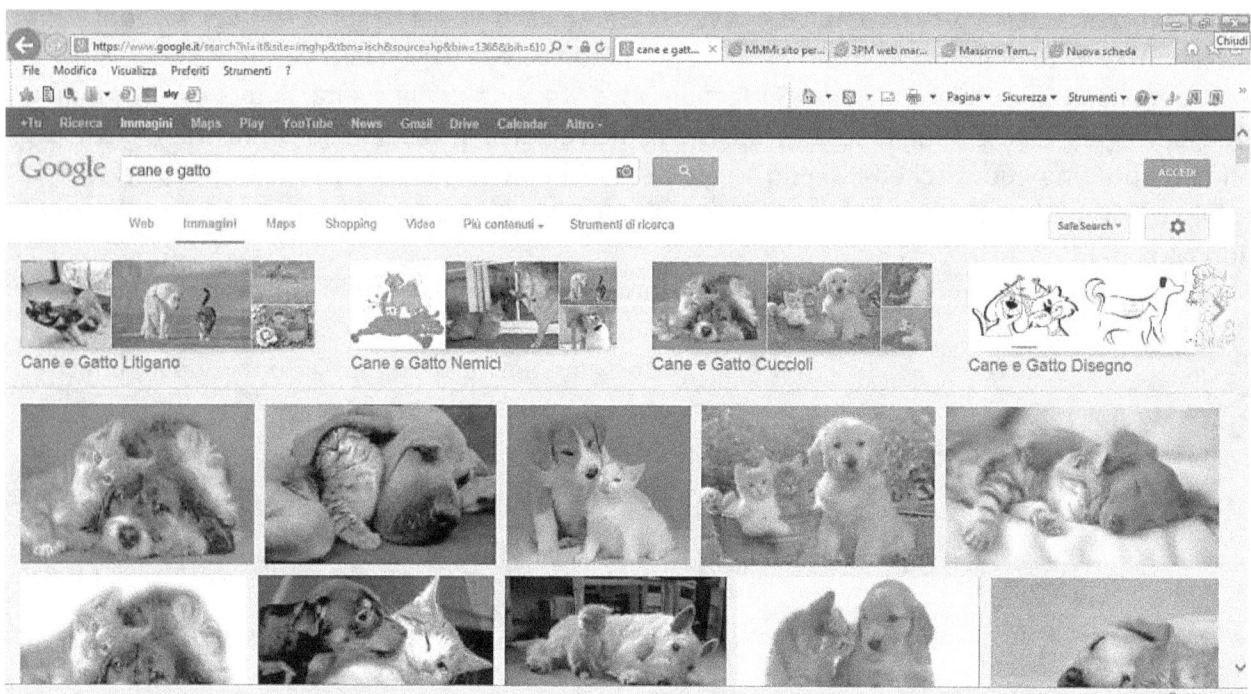

Litigano, Cane e Gatto Nemici, Cane e Gatto Cuccioli e i disegni relativi all'argomento.
Se fai un clic su una di queste immagini si ha la visione ingrandita. Sulla destra dell'immagine scelta appaiono le opzioni per visualizzare la pagina web dove l'immagine è presente, per aprire solo l'immagine nelle sue dimensioni (indicate nel riquadro) in una finestra o per fare una nuova ricerca in base alle indicazioni di quell'immagine.

Sotto a queste opzioni ci possono essere altre immagini che rispondono agli stessi criteri di ricerca.

INFORMATICA: Navigazione e Comunicazione | MMMi

Per chiarire il concetto diciamo che io ho cercato Cane e Gatto, ma tra i risultati ci saranno immagini che rispondono a chiavi più complesse come Cane Gatto Cuccioli Vicini Abbracciati Simpatici etc. Così la ricerca tramite l'immagine significa cercare altre foto con chiavi di ricerca simili, anche se noi non le vediamo, né le conosciamo. Questo è un sistema molto utile trovare altre immagini, escludendo argomenti che non c'entrano.

Scegliendo di salvare il file, per le immagini, Windows propone la cartella Immagini. Puoi comunque selezionare una qualsiasi altra cartella, magari possiamo scegliere di posizionarla temporaneamente sul desktop, per decidere in seguito dove ci sarà più utile. Parlando d'immagini, magari potrebbe essere simpatico utilizzarla come sfondo del desktop. Nulla di più semplice, trovata l'immagine che vogliamo, cliccando col tasto destro sopra la foto e scegliere il comando Imposta come sfondo del desktop. Lo stesso vale anche per le immagini direttamente da internet, sempre tasto destro e poi Imposta come sfondo.

Se pensiamo di utilizzare una foto, ovunque si trovi, all'interno di un file di testo, foglio elettronico o qualunque altro genere, basta cliccare con il tasto destro del mouse, con il comando Copia puoi memorizzare l'immagine negli Appunti per poi incollarla dove vogliamo.

Ci sono dei sistemi di protezione che vincolano immagini e testi presenti nei siti web dove solitamente già cliccando col tasto destro del mouse ci appare solo l'avviso di protezione. A parte queste eccezione, quasi tutti sul web è libero, sebbene questo non significhi che non valgano le leggi relative al copyright, quindi non possiamo usare materiale altrui per scopi di lucro. Se abbiamo la necessità di copiare del testo da una pagina web in un programma come Microsoft Word, Excel, o qualsiasi altro, basta sezionare le parole o le righe che vogliamo, comprese eventuali foto, tasto destro copia e incolla nello spazio di destinazione. In alternativa con la tastiera la scorciatoia è CTRL + C e CTRL + V. Per la cronaca se abbiamo bisogno di spostare qualcosa, allora usiamo in comando Taglia o con i tasti CTRL + X. Quando facciamo copia e incolla ovviamente riportiamo anche la formattazione presente, per esempio il colore del testo, lo sfondo, il tipo di carattere, le dimensioni etc. Se non vogliamo fare un pot-pourri dobbiamo scegliere il menù Modifica del programma di destinazione e optare per Incolla testo senza formattazione. In questo modo riporta i caratteri con le stesse caratteristiche del nostro file. Se cerchi qualcosa in particolare nel testo, ricorda il tasto F3 (trova) che funziona praticamente in tutti gli applicativi in ambiente Windows, oppure in Internet Explorer anche la combinazione CTRL + F oppure con il mouse, nella barra dei menù, clicchiamo Modifica, quindi Trova nella pagina, che è il sistema più laborioso, ma preferito dai normali utenti.

Alcuni siti web presentano un campo di testo per la ricerca, simile a Google, che solitamente espleta la ricerca in tutte le pagine del sito stesso. Sicuramente molto utile, se funzionante, soprattutto in siti di grandi dimensioni come Wikipedia o Ebay per esempio. Normalmente il motore di ricerca interno al sito è ovviamente più aggiornato rispetto a quello generato dallo spider di Google o di altri siti esterni. Se in Internet Explorer 10 vuoi salvare un'intera pagina Web nel computer, comprese le immagini, per visualizzarla senza dover nuovamente visualizzare il sito, anche senza connessione a internet, in alcuni casi si può fare, semplicemente scegliendo il menù strumenti (l'ingranaggio sotto la X per chiudere il programma), quindi File e Salva con nome. In alternativa dalla barra dei comandi il menù Pagina e salva con nome che corrisponde alla scorciatoia da tastiera CTRL + S.

A quel punto ti viene chiesta la destinazione, che di default è la cartella documenti, dove salvare il file e lì verrà memorizzato con estensione .html e una cartella che avrà lo stesso nome della pagina e conterrà tutti i file relativi alla composizione di quella pagina. In verità molte immagini o riferimenti sono protetti dal download, quindi quando riguarderai la versione salvata su disco, spesso troverai delle parti mancanti.

Se per esempio provi a salvare la pagina di Google, che ci sia il semplice logo o il cosiddetto Doodle (il disegnino che richiamando la parola Google celebra un personaggio o un evento del giorno), non ci sarà tra i file salvati perché preservato.

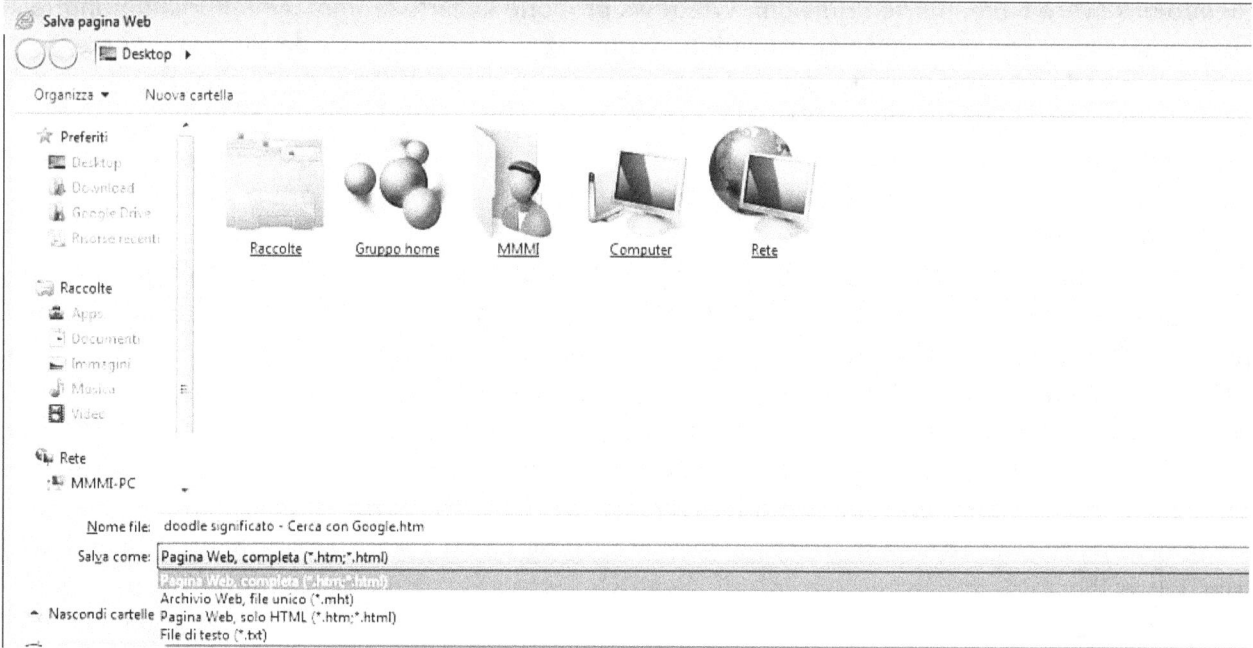

Per salvare una pagina dal web hai diverse alternative oltre alla pagina completa come abbiamo visto prima, possiamo salvare tutto insieme come Archivio web, come unico file .Mht, Pagina Web .Html (senza la cartella con i file accessori), ovvero come File di testo .Txt. Anche per salvare una pagina web abbiamo la possibilità di creare prima una nuova cartella, in modo da conservare l'ordine nello spazio dedicato ai documenti e ritrovarla con facilità quando ci servirà.

Procedendo con le altre funzioni utili di IE, c'è la gestione dei siti preferiti.

Quando siamo soliti consultare spesso un dominio, possiamo memorizzare il collegamento nella Barra dei preferiti. Il sistema più semplice, mentre stiamo visualizzando il sito che ci interessa, è cliccare sulla stellina con la freccia all'inizio della Barra stessa. In alternativa possiamo cliccare e trascinare (in inglese Click & Drag o Drag and Drop) l'indirizzo stesso nella Barra esattamente nel punto in cui vogliamo posizionare il link. Se facciamo grande uso dei preferiti, allora dopo averla riempita alcuni indirizzi finiranno oltre lo schermo e per vederli dovremo cliccare sulla doppia freccia sulla destra alla fine della barra.

Se alcune pagine preferite hanno qualcosa in comune, possiamo gestire in modo più approfondito la barra creando delle cartelle nelle quali riporre tutti i preferiti. Possiamo cliccare Preferiti nella Barra dei Menù, quindi Organizza preferiti e da li creare nuove cartelle e spostare tutti i link nella cartella appena generata, ovvero con il tasto destro su uno dei preferiti. Altri browser hanno questa funzione che si chiama segnalibro (in Italiano) o bookmark (in Inglese). Quando si aggiunge un sito Web all'elenco dei Preferiti, è possibile accedere a quel sito facendo semplicemente clic sul nome, invece che scrivere l'indirizzo e soprattutto nel caso di pagine interne, con indirizzo alquanto complesso.

Di solito nel browser sono già presenti delle pagine Web memorizzate come Preferiti nelle rispettive

INFORMATICA: Navigazione e Comunicazione | MMMi

cartelle, create dalla software house del browser o dal produttore del computer. Se non t'interessano puoi cancellare tutto e lasciare solo i tuoi preferiti, nel tuo computer. Per cancellare un sito preferito (o una cartella) dall'elenco, fai un clic con il tasto destro sull'elemento e scegli la voce Elimina nel menu contestuale. La Barra dei preferiti si può modificare visualizzando solo le icone, gli indirizzi abbreviati o per esteso, sempre tramite il tasto destro o da Preferiti nella Barra dei Menù. Il menu contestuale dei Preferiti, cioè quello che appare quando clicchi il tasto destro, presenta una serie di opzioni tra cui copiare, incollare, rinominare, ecc.

Il comando Organizza preferiti, nel menu Preferiti, permette di riorganizzare i collegamenti tra le varie cartelle presenti, o crearne all'uopo. Si può fare le stesse cose trascinando manualmente gli elementi. Nella finestra Organizza Preferiti ci sono i tipici pulsanti per la gestione dei file e delle cartelle. Altrimenti puoi gestirli direttamente cliccando il tasto destro su uno dei preferiti come nei due esempi qui sotto

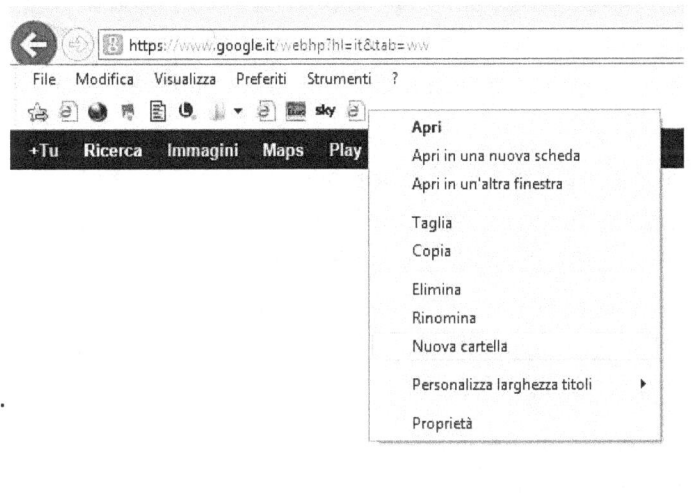
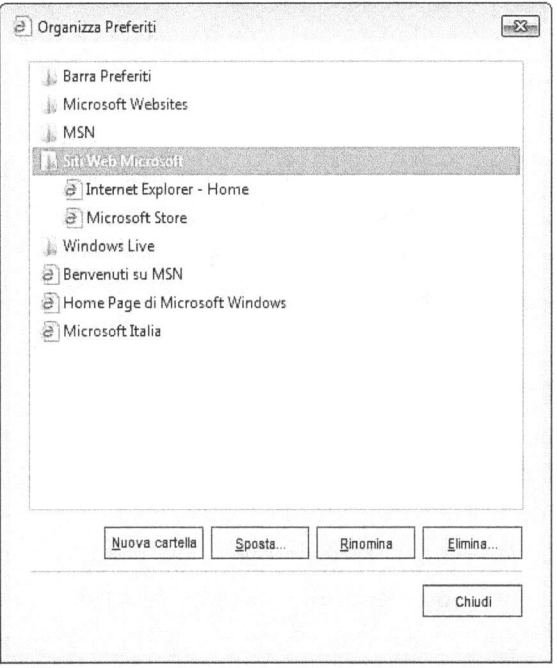

I FEED RSS

Un feed è un riepilogo di contenuti Web che è aggiornato regolarmente. È un modo per tenere aggiornati gli utenti sulle ultime modifiche relative al sito, sulle notizie, sulle novità. Il formato di feed è RSS (da Really Simple Syndication).

I feed rendono i contenuti più accessibili e mettono in risalto le novità. Attraverso un riepilogo o un elenco di titoli puoi infatti vedere rapidamente gli aggiornamenti più recenti e i relativi contenuti. Vengono in genere utilizzati per i blog o i siti dei quotidiani on line, per segnalare nuovi file audio in formato MP3, o video da scaricare. Questa funzionalità è denominata *podcasting*. I feed RSS offrono numerosi vantaggi soprattutto per quei siti che aggiornano i loro contenuti frequentemente. Infatti consentono di monitorare i contenuti di un sito e di usufruirne anche al di fuori del sito stesso avvisandoci in tempo reale ogni qualvolta ci siano degli aggiornamenti. Internet Explorer è in grado di rilevare e visualizzare feed mentre si visita un altro sito Web. È inoltre possibile sottoscrivere feed per verificare la disponibilità e scaricare automaticamente gli aggiornamenti da visualizzare in seguito.

Quando apri un sito Web il browser controlla se ci sono dei feed disponibili. In caso affermativo il pulsante cambia colore. Essendoci dei feed, il pulsante diventa arancione. Fai clic sul pulsante Feed e seleziona il feed che vuoi visualizzare, se ci sono più feed. Se è disponibile un solo feed, appare direttamente la relativa pagina. Per esempio se vai a visitare la pagina del Corriere della Sera (corriere.it) oppure dell'agenzia di stampa ANSA (ansa.it) vedrai l'icona, dopo pochi secondi, cambiare colore da grigio ad arancione.

Per accedere automaticamente in futuro ai contenuti, è necessario sottoscrivere il feed. Basta cliccare sull'icona e poi nel collegamento proposto per far apparire una pagina di news dove la prima propone la sottoscrizione a quel Feed.

Puoi personalizzare il Feed specificando il nome nella casella. Come nel caso dei Preferiti puoi scegliere o creare una cartella. Al termine fai clic su Sottoscrivi. Per aggiungere un feed alla barra Preferiti, seleziona la casella Aggiungi alla barra Preferiti.

Se fai un clic con il tasto destro su uno dei feed sottoscritti e scegli la voce Proprietà puoi modificare l'intervallo di aggiornamento.

INFORMATICA: Navigazione e Comunicazione | MMMi

LA CRONOLOGIA

A pagina venti abbiamo già illustrato la barra della Cronologia (menu Visualizza / Barre di Explorer / Cronologia).

La cronologia, in alternativa ai Preferiti e ai Feed, può essere visualizzata in una colonna a sinistra della pagina di IE. Le scorciatoie da tastiera, come vediamo dall'immagine, sono CTRL + SHIFT + H per la cronologia, CTRL + SHIFT + I per i preferiti e CTRL + SHIFT + J. In realtà una volta aperta una delle tre colonne, abbiamo la possibilità di passare alle altre con un semplice click. La cronologia è una delle tre schede, assieme ai Feed e ai Preferiti, che appare nel riquadro di sinistra del Browser. Sono contenuti i collegamenti relativi alle pagine e ai siti Web visitati nella giornata odierna (icona Oggi), oppure anche in date differenti. Basta fare un clic su una delle pagine elencate per visualizzarla nel browser.

Questa funzione è spesso molto utile, ma se non vuoi lasciare traccia delle navigazioni precedenti puoi cancellare la cronologia, scegliendo il comando del menù sicurezza: Elimina cronologia esplorazioni

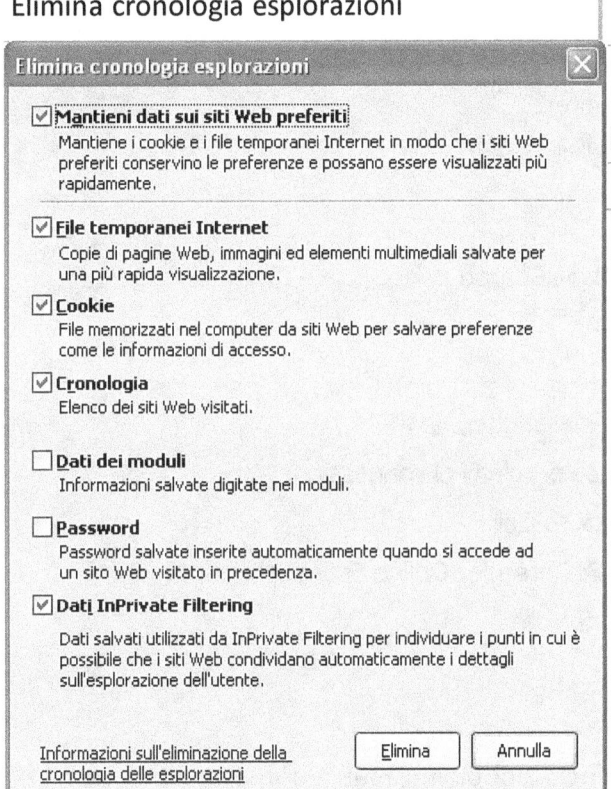

Appare la finestra che vedi a sinistra e consente di scegliere cosa eliminare e quali dati conservare in memoria come riferimento alla navigazione precedente.

Se il PC è privato, quindi normalmente siamo gli unici a utilizzarlo, allora cancellare la cronologia è inutile. Invece quando ci sono altre persone che potrebbero avere accesso, sarebbe opportuno cancellare tutto, comprese le Password e i Dati dei moduli.

L'opportunità di eliminare i File temporanei Internet e i Cookie consente di ripulire il nostro Hard Disk da file che quasi sempre per noi sono inutili e potenziali veicoli di virus o spyware.

Nel dettaglio dell'immagine vediamo cosa archivia IE: innanzi tutto possiamo scegliere se includere le pagine inserite nei Preferiti o meno.

File Internet temporanei sono relativi alle pagine Web visitate la prima volta. Sono memorizzate nel computer per velocizzare un accesso successivo a queste pagine. I cookie sono piccoli file di codice scritti dai siti Web tramite il browser con lo scopo di memorizzare alcune informazioni utili a velocizzare un accesso successivo. Con la casella Mantieni dati sui siti Web preferiti puoi mantenere

INFORMATICA: Navigazione e Comunicazione | MMMi

i cookie e i file associati ai siti presenti nella lista Preferiti. Con questi Cookie sono memorizzati e trasmessi i dati relativi alla nostra navigazione, alle nostre ricerche e così, la prossima volta che navighiamo, magicamente, vedremo apparire pubblicità relative proprio agli argomenti che ci interessavano!

La Cronologia delle pagine Web visitate, i Dati inseriti nei moduli compilati nelle pagine Web e le Password inserite in pagine con accesso protetto, Dati dei Moduli e infine quelli relativi ai Dati InPrivate Filtering che sono le pagine che abbiamo visitato senza consentire ai siti di installare Cookie e nascondendo la nostra identità.

Per quanto concerne la Cronologia, possiamo anche eliminare un solo o alcuni indirizzi dall'elenco visualizzato, selezionando l'indirizzo e facendo clic sulla solita X.

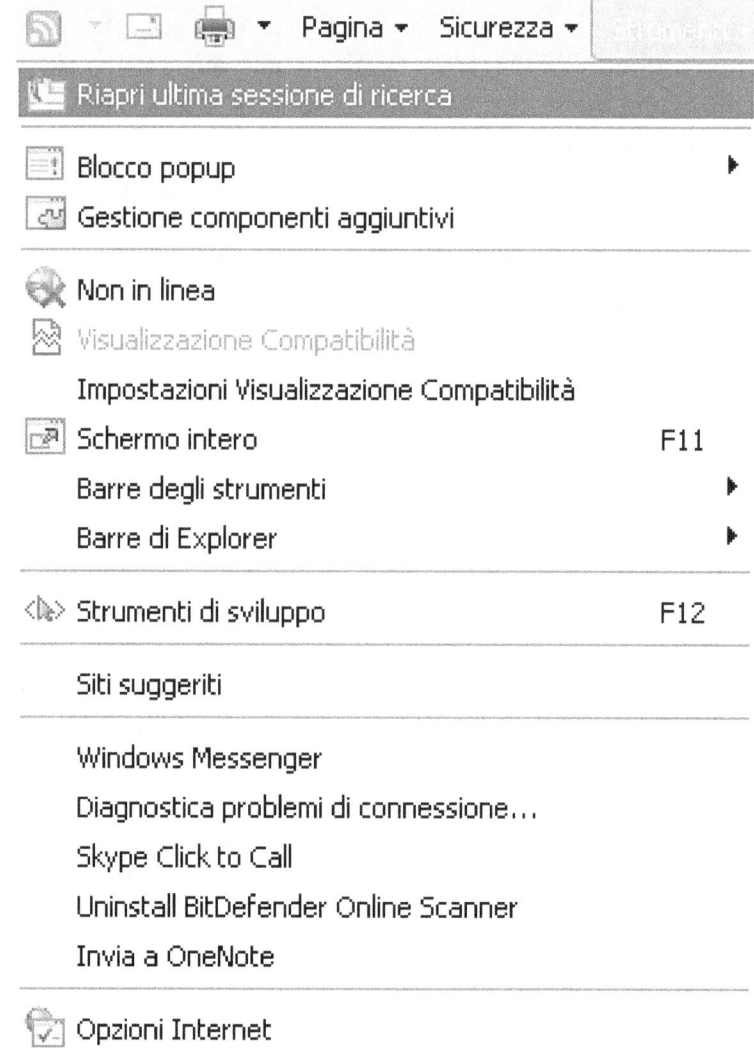

Eliminando la cronologia di esplorazione non sono eliminati l'elenco dei Preferiti né i feed sottoscritti.

Nel paragrafo precedente abbiamo visto che, durante la navigazione nel Web, nel nostro computer sono memorizzate delle informazioni riguardanti i siti visitati. Se vuoi visualizzare questi file scegli, dal menu Strumenti, la voce Opzioni Internet.

Come abbiamo visto in precedenza, il pulsante Elimina ripulisce le informazioni. Con il pulsante Impostazioni puoi visualizzare i file.

Questa pulizia dei file, della cronologia, dei Cookie etc. può essere eseguita anche automaticamente dal Browser ogni volta che chiudiamo il programma..

Per impostare la cancellazione automatica della cronologia dobbiamo mettere il visto nella casella apposita, ma cliccando su impostazioni, possiamo stabilire quanto spazio dedicare alla Cache, ai Cookie, ai File Temporanei etc.

Nel riquadro File temporanei Internet puoi scegliere la modalità per trovare pagine Web visitate di recente e quanto spazio del disco rigido utilizzare per memorizzare le informazioni su queste pagine.

Nel riquadro Cronologia puoi indicare il numero di giorni in cui desideri che le pagine Web

INFORMATICA: Navigazione e Comunicazione | MMMi

visitate siano memorizzate da Internet Explorer. Se non vuoi mantenere una cronologia delle pagine Web, imposta il numero di giorni su 0.

Con il pulsante Visualizza file puoi accedere ai file temporanei. Tutti i documenti relativi ai siti che visualizziamo durante la navigazione in verità sono scaricati e memorizzati nella cartella Temporary Internet Files.

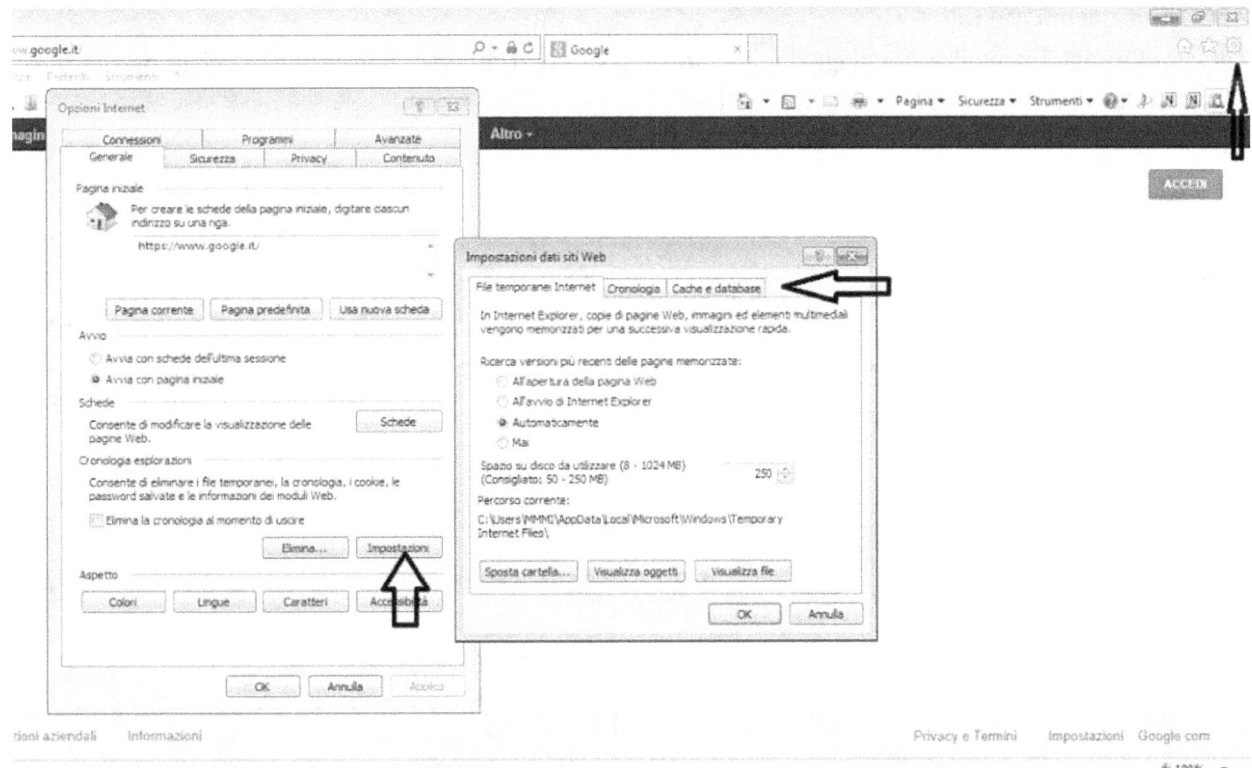

Con il tempo la mole di questi dati aumenta sempre più, occupando una grande quantità di spazio e può potenzialmente contenere anche informazioni personali, ad esempio quali siti si sono visitati. Impostare il limite alla quantità di dati da mantenere in questa cartella è discrezione dell'utente, ma il suggerimento varia in base al tipo di navigazione e dalle prestazioni della connettività internet. Se consultiamo siti che cambiano frequentemente, come per esempio i quotidiani on line, o la casella di posta elettronica, è perfettamente inutile utilizzare la cache. Se poi siamo dotati di una connessione ADSL da due mega in su, non è apprezzabile il guadagno in termini di velocità se facciamo ricaricare tutte le pagine ogni volta.

Debbo approfondire lo scopo della funzione In Private Browsing. Dovrebbe servire per evitare di lasciare le "tracce" viste in precedenza durante la navigazione. In Internet Explorer è presente nel menu Sicurezza questa modalità che molti

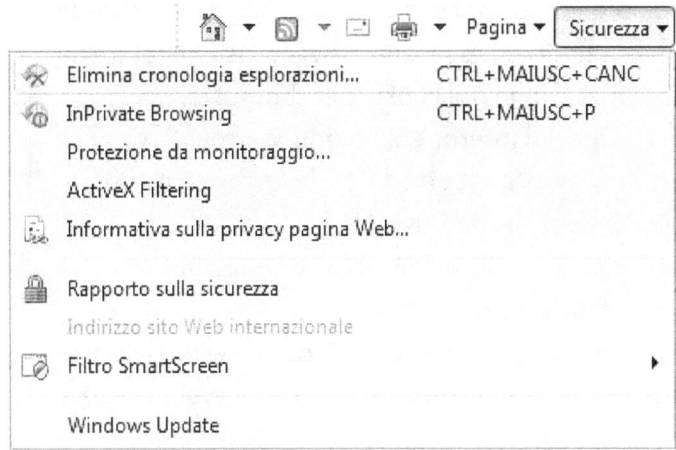

INFORMATICA: Navigazione e Comunicazione | MMMi

confondono con i sistemi di protezione dei nostri dati nei confronti dei siti che visitiamo. Nulla di più sbagliato. Lo scopo è proteggere la nostra navigazione nei confronti del prossimo utente del PC.
Quando usiamo In Private Browsing non è conservata la cronologia e nemmeno la cache e i Cookie nell'Hard Disk. Se utilizziamo un PC che non è nostro, ovvero è usato da più persone, possiamo garantirci che gli altri non verranno a sapere quali pagine abbiamo visto e tantomeno le password inserite, o i testi nei moduli.
Se selezioni questa modalità di navigazione si apre una nuova finestra del browser, come quella nella figura sottostante.

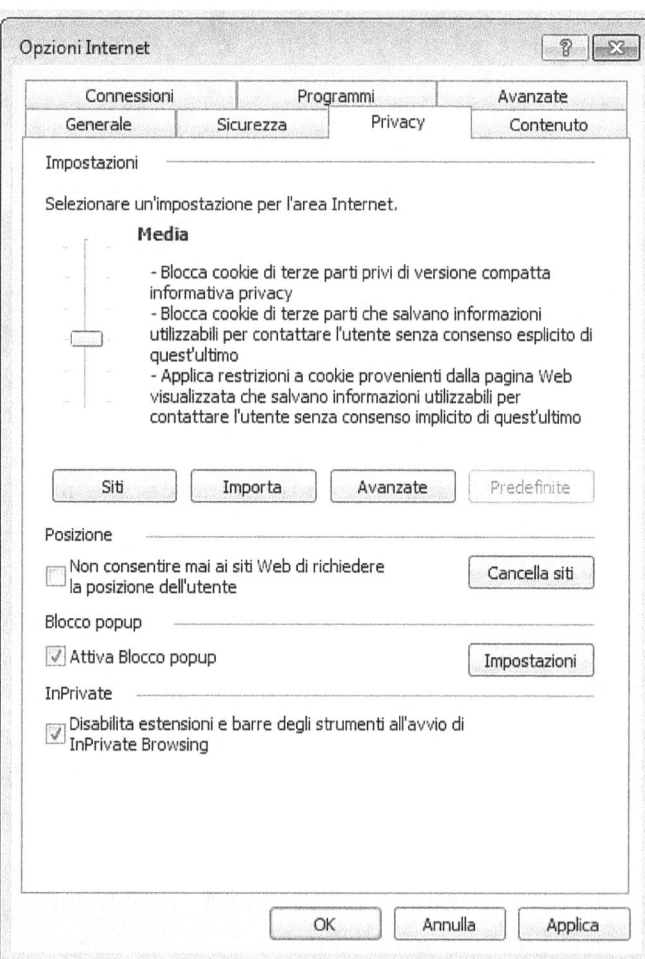

Come è specificato nella finestra questa modalità permette di evitare la memorizzazione della cronologia dell'esplorazione Web. Nella Barra degli indirizzi appare il simbolo InPrivate.

Nel paragrafi precedenti abbiamo visto cosa sono i cookie e come cancellarli. È possibile modificare le impostazioni relative alla privacy per regolare la memorizzazione dei cookie nel computer.

Scegli Opzioni Internet dal menu Strumenti, oppure con l'ingranaggio sotto la X della finestra, quindi seleziona la scheda Privacy.

Puoi spostare il dispositivo di scorrimento sul livello di privacy desiderato.

Per esempio se selezioni Blocca tutti i cookie saranno bloccati i cookie di tutti i siti Web. I cookie già presenti nel computer non potranno essere

INFORMATICA: Navigazione e Comunicazione | **MMMi**

letti dai siti Web. Con Accetta tutti i cookie, tutti i siti Web potranno salvare cookie nel computer.

Un popup è una finestra del browser di dimensioni ridotte che sarà visualizzata in primo piano nel sito Web visitato. Spesso le finestre popup si aprono subito dopo l'accesso a un sito Web con scopo pubblicitario. Per vedere la pagina Web del sito devi chiudere il popup. Queste finestre possono risultare fastidiose, nascondere testo ipertestuale che porta a pagine di sponsor che interessano e nel peggiore dei casi possono essere persistenti e avviare l'installazione di un programma indesiderato anziché chiudersi: in Internet Explorer c'è un modo per bloccarle.

Basta mettere il visto nel riquadro Attiva Blocco popup. Con questa casella Attiva blocco popup puoi bloccare tutte le finestre popup. Quando Blocco popup è attivato, nella Barra informazioni sarà visualizzato l'avviso che segnala il blocco di una finestra popup. Per impostazione predefinita di Explorer il blocco popup è attivo. Con il pulsante Impostazioni puoi consentire la visualizzazione di determinati popup.

Se è suggerito di attivare i popup in un determinato sito, poiché la gestione dello stesso lo impone per la navigazione, come tanti domini di webmail, allora possiamo inserire l'eccezione per quel determinato sito. Nella casella Indirizzo sito Web da cui consentire i popup scrivi l'indirizzo del sito Web dal quale desideri consentire i popup, poi fai clic su Aggiungi.

Gli stessi comandi sono presenti nel menu della voce Blocco popup del menu Strumenti.

STAMPARE UNA PAGINA WEB

Se desideri conservare su carta le informazioni della pagina Web attualmente visualizzata nel browser puoi effettuare la *stampa* della pagina. Nel caso si voglia stampare solo una parte del testo, dobbiamo prima selezionare quello che ci interessa. Clicchiamo sull'icona della stampante del menù dei Comandi per stampare direttamente, oppure sull'ingranaggio sotto la X della chiusura in alto a destra per vedere anche l'anteprima di stampa per visualizzare l'aspetto della pagina Web e conoscere il numero delle pagine che saranno stampate, altra alternativa dal menù File ovvero la scorciatoia CTRL+ P e prima di stampare si aprirà una finestra con le varie opzioni relative alla stampante da usare, quali pagine o quante copie e altre come vediamo dall'immagine qui a lato. Cliccando su Preferenze si possono

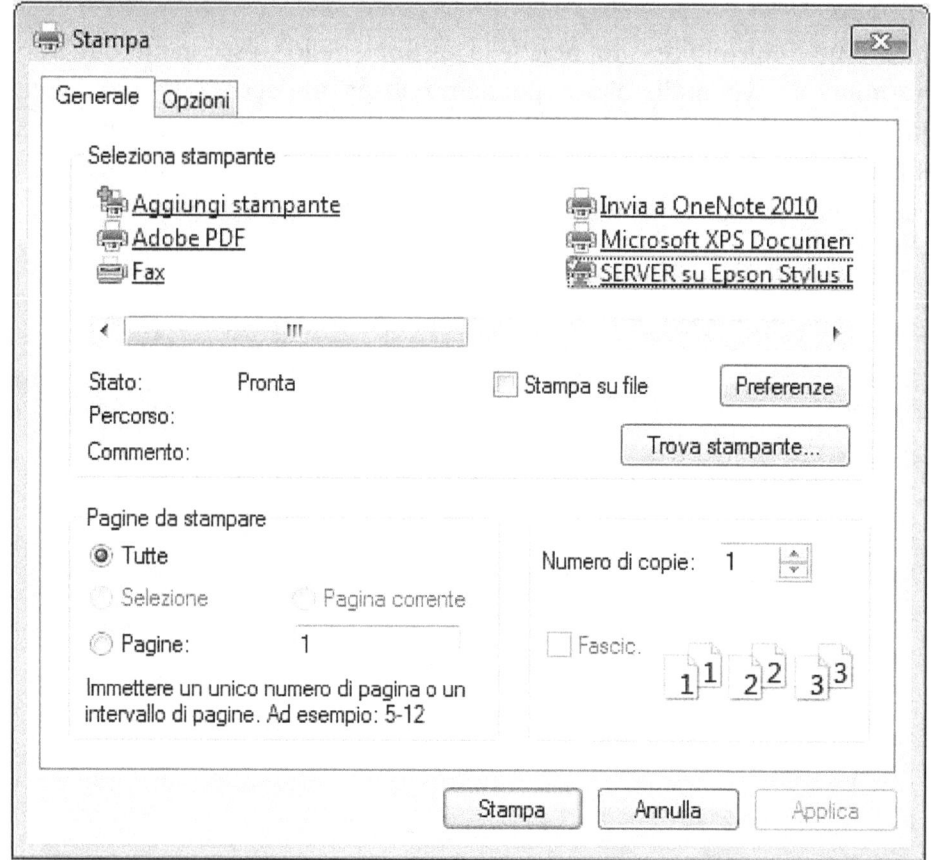

modificare le impostazioni della stampante scelta, come il tipo di carta, la qualità della stampa, se a colori o in grigio e tutte le funzioni variabili previste dal driver della stampante in nostro possesso.

Nella Barra dei pulsanti dell'anteprima di stampa sono presenti i comandi per ingrandire o rimpicciolire l'anteprima, ruotare la pagina in orizzontale o in verticale, nascondere o visualizzare le intestazioni e i piè di pagina, avviare la stampa ecc.

Sui lati del foglio di anteprima ci sono le maniglie per regolare manualmente i margini.

In particolare, con un clic pulsante Imposta pagina (presente anche nel menu File) appare la finestra per indicare le impostazioni della pagina da stampare.

Nella sezione Margini puoi impostare le dimensioni dei vari margini del documento, specificando i valori in millimetri. Nella sezione Dimensione pagina ci sono le opzioni per stabilire l'orientamento del foglio. Attraverso i pulsanti di selezione è possibile stabilire se esso dovrà essere posizionato in senso Verticale o Orizzontale.

Il menu Dimensione pagina consente di selezionare la dimensione del foglio. Puoi scegliere tra diversi formati predefiniti. Il formato più diffuso è A4, il più diffuso in Italia, con le pagine misurano

21 cm X 29,7 cm.

Nella sezione Intestazioni e piè di pagina, si può indicare cosa deve apparire nell'intestazione e nel piè di pagina della pagina stampata, in particolare a sinistra, al centro e a destra delle due sezioni. Con i menu a icona puoi scegliere tra diverse possibilità di visualizzazione e di stampa.
Per uscire dall'anteprima di stampa premi il pulsante di chiusura. Per stampare la pagina Web puoi fare clic

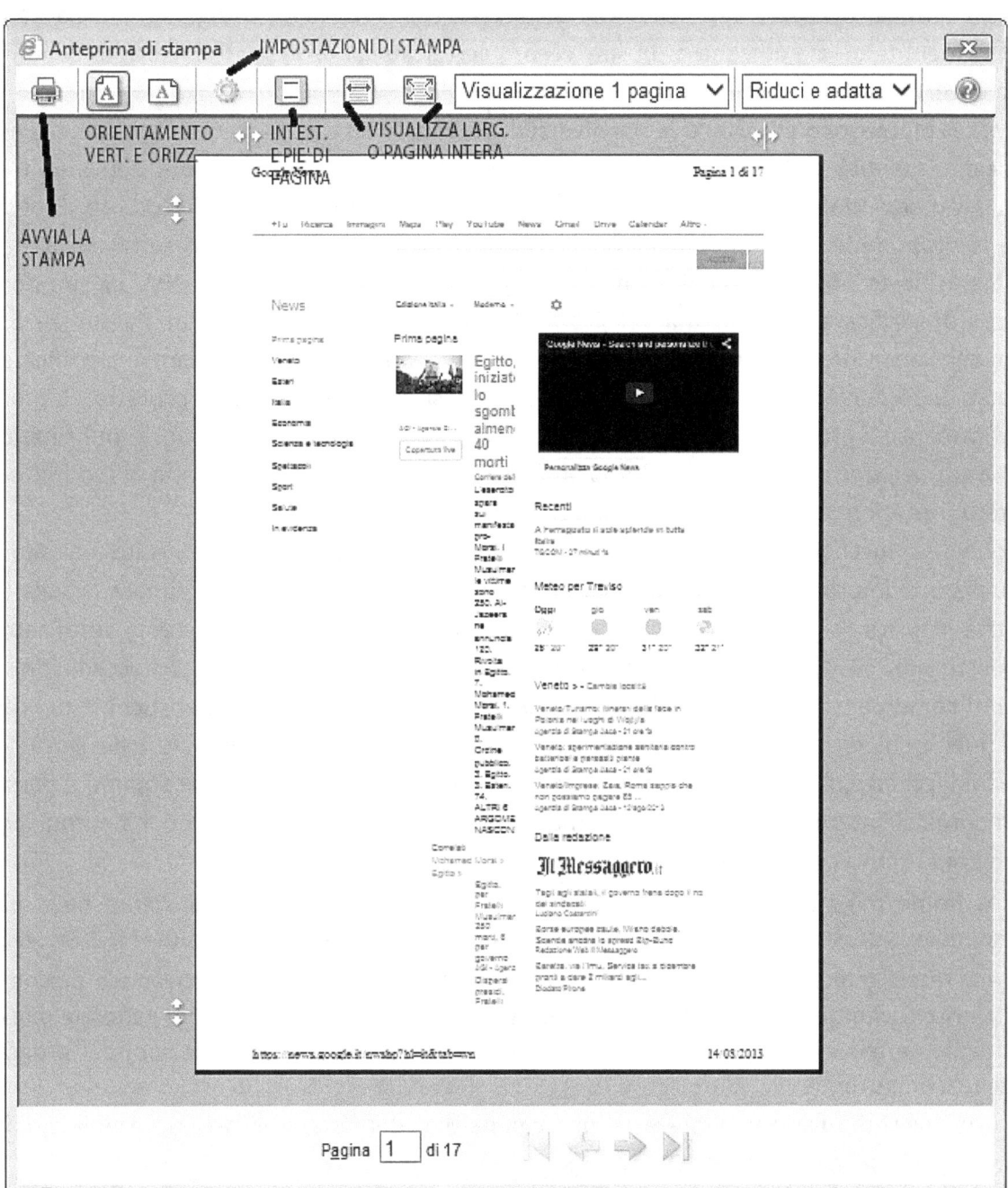

sull'icona Stampa. Il file è automaticamente inviato alla stampa con tutte le opzioni di stampa predefinite (copia singola, tutte le pagine, stampante predefinita, a colori etc...).

PARTICOLARITA' DI INTERNET EXPLORER

Ci sono dei siti Internet che sono impostati per impedire l'accesso da parte di utenti non autorizzati: ad esempio siti di home banking, acquisti on line, registrazione esami universitari, ecc. Questi siti Web sono denominati protetti. Internet Explorer 10 utilizza i protocolli di protezione utilizzati dai siti protetti, attraverso i certificati. Un certificato è un documento digitale che consente di verificare l'identità di una persona o un sito Web. I certificati sono rilasciati da società denominate Autorità di certificazione.

In Internet Explorer sono utilizzati due tipi diversi di certificati: un certificato personale che consente di verificare l'identità dell'utente ed è utilizzato quando s'inviano informazioni personali tramite Internet a un sito Web che richiede un certificato per verificare l'identità dell'utente. È possibile provare la propria identità con una chiave digitale privata di tipo hardware o software, altrimenti esiste il certificato di un sito Web che consente di identificare l'autenticità di un dominio specifico e di verificare che l'identità del sito protetto originale non sia assunta da un altro sito. Quando s'inviano informazioni personali in Internet, è opportuno controllare il certificato per assicurarsi di comunicare con il sito previsto. Quando si visita un sito Web protetto, il sito invia automaticamente il proprio certificato all'utente, *crittografando* (cioè scrivendo le informazioni in modo cifrato) le informazioni. In Internet Explorer è visualizzata un'icona a forma di lucchetto nella barra Stato protezione che si trova a destra della barra degli indirizzi.

Facendo clic sul lucchetto, è possibile visualizzare un rapporto di protezione relativo al sito Web che visualizza le informazioni contenute nel certificato. Nell'indirizzo del sito appare la sigla https, invece che http. La "s" significa "sicuro". Anche Google adesso utilizza un sistema certificato, ma tutto questo non è obbligatoriamente garanzia di assoluta di sicurezza. Quando accediamo ai siti importanti come Banche, Poste e simili, controlla sempre tutte queste caratteristiche e nel caso di caso di dubbi, chiudi il browser e riavvia digitando l'indirizzo principale del sito che cerchi. Da lì controlla il lucchetto, il protocollo HttpS e raggiungi la pagina di accesso con username e password direttamente dall'interno del sito. Non sono mai chieste password doppie ed è buona norma digitare attentamente i codici per non incorrere in errori.

Spesso la home page non si trova in un dominio protetto, ma quando entriamo nella pagina d'accesso, dove dobbiamo inserire account e password, allora ci dev'essere la garanzia di sicurezza.

Navigare in rete significa aprire il computer al mondo esterno. Nel nostro pc arrivano le pagine Web con tutti i rischi che questo comporta: virus, worm, cavalli di Troia, spyware, in generale *malware*, cioè software potenzialmente pericoloso, in grado di danneggiare le informazioni o i programmi presenti nel computer.

Alcune estensioni dei file possono essere un segnale di potenziale malware: ad esempio, i file di programma (EXE), le macro o i file COM.

È possibile prevenire i virus installando un programma antivirus, regolarmente aggiornato. Per essere il più possibile efficace, l'antivirus deve rimanere in esecuzione ed eseguire un'analisi dei messaggi di posta elettronica in entrata e dell'accesso ai file, ma anche quando inseriamo un'unità

INFORMATICA: Navigazione e Comunicazione | MMMi

esterna di massa come le chiavette USB, i cd e, se esistono ancora, i floppy disc.

È utile utilizzare anche un Firewall, cioè un sistema hardware o software che blocca l'ingresso nel nostro PC dall'esterno.

Alcuni accorgimenti, frutto di logiche osservazioni, possono contribuire alla sicurezza dei nostri dati e anche dei nostri soldi: non scriveremmo mai su un foglio tutti i nostri dati personali, i riferimenti bancari, i codici di sicurezza, i codici pin, del bancomat e gli altri, per poi conservare il foglio nel nostro portafoglio, insieme al cellulare etc... o magari sul mobile dell'ingresso con la porta di casa aperta.

Allo stesso modo non sembra opportuno salvare sul desktop o nella cartella documenti un file nominato CODICIpersonali.TXT contenente gli stessi dati e il sistema operativo senza password. Anche nel mondo virtuale, possiamo trovare sistemi di difesa e protezione sia attivi sia passivi, per non affidarci solo alla nostra memoria, possiamo creare una struttura di directory (cartelle) con vari livelli e distribuendo i dati sensibili in differenti file, magari con acronimi o il nome del direttore della filiale, piuttosto che parlare di conto o banca. Sicuramente i malintenzionati hanno grandi capacità di violare il nostro portafogli mentre siamo sui mezzi pubblici e altrettanto bravi di penetrare il nostro PC, ma noi cerchiamo almeno di rendergli difficile il reperimento di ciò che gli può interessare.

INFORMATICA: Navigazione e Comunicazione | MMMi

LA COMUNICAZIONE

Uno dei più importanti servizi offerti in Internet, insieme alla navigazione nel Web, che ha contribuito alla diffusione della rete è la posta elettronica o e-mail ovvero electronic-mail.

La filosofia operativa della posta elettronica ricalca quella della posta tradizionale: esiste un messaggio da spedire a un destinatario da parte di un mittente ed entrambi hanno un indirizzo che li identifica.

Rispetto al servizio di posta tradizionale l'e-mail offre molti vantaggi: un messaggio può essere spedito contemporaneamente a più destinatari; il costo è quello del collegamento ad Internet; si possono allegare al messaggio altri documenti, immagini, suoni, programmi, ecc; nel computer del mittente è presente una copia dei messaggi inviati; se il messaggio, per qualche motivo, non può giungere a destinazione, si ha una immediata notifica del mancato recapito; si può costruire una rubrica elettronica di destinatari. Altri vantaggi sono già presenti grazie all'interazione con gli altri mezzi di comunicazione, come ad esempio SMS (Short Message Service) e MMS dei cellulari. Per utilizzare la posta elettronica sono necessari un computer, un modem e un accesso a Internet.

Può essere necessario aver installato nel computer un programma di gestione della posta elettronica (posta off line), ma è possibile utilizzare la posta elettronica anche via Web con il servizi di posta on line. Un vantaggio nell'utilizzare i programmi di gestione della posta off line sta nella possibilità di poter mantenere e consultare tutta la posta che abbiamo ricevuto (posta in arrivo) o spedito (posta inviata) senza collegarsi a Internet (una volta scaricata e inviata). I programmi di gestione off line delle e-mail sono molti. Per citarne alcuni ricordo Outlook Express, Eudora, Kmail, Mozilla Thunderbird, Outlook. Tra le possibilità offerte dai software installati nel proprio PC, unitamente alle funzioni che definirei secondarie come l'agenda, il calendario, la rubrica e le note è proprio la gestione della posta elettronica. Sebbene oggi siamo quasi tutti dotati di connettività ovunque ci troviamo, con WiFi, Umts o altro, capita di trovarci all'estero con costi esorbitanti legati al tempo di connessione, ma anche in isole sperdute o deserti senza soluzioni per connetterci. Tante occasioni per preferire la possibilità di scaricare in pochi secondi i nuovi messaggi, trascorrere tutto il tempo che vogliamo, mentre siamo disconnessi, per rispondere o scrivere nuovi messaggi, preparare gli allegati, magari con le foto delle vacanze e, solo dopo aver redatto tutto, possiamo collegarci per pochi istanti e spedire le nostre missive, mentre controlliamo eventuali altri messaggi da scaricare.

Le funzioni messe a disposizione dai vari programmi sono praticamente tutte uguali, ma non ditelo a chi ha pagato migliaia di euro per avere pacchetti di office automation. Fanno le stesse identiche cose delle soluzioni gratuite reperibili su internet. Non volendo fare la guerra ai mulini a vento, se abbiamo motivi di scambio con il resto della società, troveremo molto utile utilizzare i programmi più diffusi per questioni di compatibilità. Ma imparando a conoscere le potenzialità degli applicativi, compresi i limiti, possiamo realizzare qualsiasi cosa, compatibile con qualunque programma o visibile in ogni sistema.

Sempre meglio perdere del tempo per apprendere le funzionalità di un programma gratuito, piuttosto che perdere tanti soldi o peggio utilizzare illegalmente un software che non produrrà alcun vantaggio.

In questo libro mi occupo di navigazione e comunicazione, quindi internet e posta elettronica,

INFORMATICA: Navigazione e Comunicazione | MMMi

mentre in un altro testo mi occuperò approfonditamente di software per svolgere le funzioni d'ufficio con le tecnologie più moderne. Al momento mi limito a suggerire per l'ennesima volta di leggere attentamente gli avvisi e le istruzioni e seguendo i suggerimenti forniti a corredo di tutti i programmi.

Dato che quasi sempre abbiamo la possibilità di essere collegati per ventiquattrore al giorno pensiamo ai servizi di posta online che sono forniti da molti provider. Anche questi hanno le stesse potenzialità della posta off line, compresi i servizi accessori. Chiaramente si può consultare la posta solo se si è collegati alla rete, ma non si devono scaricare i messaggi nel pc. Tra gli aspetti a favore della webmail, è la maggior sicurezza. Per evitare di ricevere un virus, molto diffusi nei messaggi di posta elettronica, basta un po' d'attenzione e non aprire i collegamenti che siano sospetti, indesiderati o esageratamente auspicabili (HAI VINTO LA LOTTERIA SPAGNOLA, HAI EREDITATO UNA FORTUNA DAL TUO ZIO D'AMERICA, SULLA TUA CARTA DI CREDITO ABBIAMO ACCREDITATO……….).

La condizione fondamentale affinché il mittente e il destinatario possano scambiarsi dei messaggi con la posta elettronica è che posseggano entrambi un proprio indirizzo di posta elettronica, fornito dal provider o da portali e motori di ricerca.

Tutti hanno un proprio sito Internet dove è possibile effettuare l'abbonamento per navigare e avere un proprio indirizzo di posta elettronica. Questo indirizzo dev'essere diverso da utente a utente, deve cioè identificare univocamente l'utente, esattamente come l'indirizzo della posta tradizionale.

L'indirizzo e-mail è una specie di casella postale dove sono conservati i messaggi elettronici che ci sono spediti: in pratica il servizio al quale sei abbonato utilizza una parte della memoria dei suoi computer per conservare i messaggi che ti sono spediti: quindi, ogni volta che arriva un messaggio destinato a te, è automaticamente memorizzato in questa parte di memoria. I messaggi rimangono lì, come in una casetta della posta.

Per consultare la posta elettronica tramite WebMail dobbiamo collegarci e autenticarci nella pagina apposita e troviamo le cartelle per la posta in arrivo, per quella inviata, il cestino, le bozze etc.

Se invece utilizziamo un programma installato nel PC, quando siamo connessi a internet, questo controlla se ci sono dei nuovi messaggi nel server di posta in arrivo e li "scarica" nella memoria del tuo pc.

Un indirizzo e-mail deve avere una struttura come questa: nomeutente@nomeprovider.suffisso

La parte alla sinistra del simbolo @ (at in inglese e chiocciola in italiano) è il nome che identifica l'utente all'interno del sistema informatico del provider che lo ospita. Questa parte deve essere diversa per ogni utente, perché deve identificarlo in modo univoco: in pratica non possono esserci due persone che hanno lo stesso indirizzo paolo.rossi@provider.it, altrimenti non si saprebbe a quale dei due è destinato un messaggio. Il simbolo @ significa, in inglese, "presso" proprio per specificare presso quale dominio Internet l'indirizzo si trova.

Questa sezione è costituita da due parti separate da un punto. La parte alla sinistra del punto identifica il fornitore del servizio di posta. La parte alla destra è il suffisso che specifica l'estensione del dominio stesso. Vediamo adesso una breve descrizione di altri servizi disponibili in rete oltre all'e-mail.

INFORMATICA: Navigazione e Comunicazione | MMMi

La chat e la messaggistica istantanea, instant messagging (IM), sono due termini che molto spesso sono eguagliati. La chat è uno spazio virtuale dove si possono incontrare delle persone che non si conoscono e scambiare messaggi di testo con risposta in tempo reale, mentre si crede che le e-mail come gli SMS possano vedere l'eventuale risposta giungere dopo molto tempo. In verità se c'è un ritardo nella ricezione delle comunicazioni è dato solo da procedure di sicurezza, come gli antivirus, che controllano i messaggi prima di inoltrarli.

L'IM è sempre un mezzo per comunicare istantaneamente attraverso messaggi di testo ma solo con i propri amici, cioè con chi è stato accettato come membro nel servizio. Spesso con l'IM si può vedere la presenza degli amici, cioè se sono effettivamente in linea nello stesso momento. Un esempio di programma di IM è Skype o Messenger. La differenza tra le E-mail e la messaggistica istantanea è che questa non ha la possibilità di curare stilisticamente i messaggi, ma prevede di scrivere brevi frasi che sono inviate appena si preme il tasto invio.

Il Voip (Voice Over Internet Protocol o Voce Tramite Protocollo Internet) è la conversazione telefonica tramite la rete Internet. Skype è stato il primo servizio, ma oggi ce ne sono molti altri che con algoritmi proprietari svolgono lo stesso servizio. Per parlare, due o più utenti devono aver installato lo stesso software e debbono reciprocamente autorizzare le chiamate.

Una tecnologia capace di convertire il segnale della voce in un segnale digitale compresso, che viaggia sulla rete utilizzando un protocollo Internet e subendo poi, il processo inverso per riconvertirlo in segnale vocale analogico. Il Voip consente quindi di effettuare e ricevere telefonate utilizzando la rete Internet anziché la rete telefonica pubblica.

Questa tecnologia permette di telefonare in modo completamente gratuito tra utenti connessi a internet e a costi molto bassi verso i numeri telefonici fissi o cellulari in qualsiasi parte del mondo. La qualità della telefonata è paragonabile a quella di una normale linea telefonica. In base alla velocità di connessione ci sarà un breve ritardo nella ricezione delle conversazioni, ma questo non inficia la comunicazione, soprattutto se disponiamo di connettività di almeno due mega bit al secondo.

Il podcast (o podcasting) è un'abbreviazione che corrisponde a *Personal option digital casting*, cioè trasmissione digitale a opzione personale, indica una modalità per fruire brani audio e video, quindi in questo caso si parla anche di video-podcast, pubblicati su Internet. Normalmente sono costituiti da notizie o da programmi, già trasmessi alla radio o alla televisione o parti di programmi. Per il podcast non c'è bisogno di collegarsi a un sito in un orario prestabilito, né di cercare e scaricare i file uno a uno. Usare il podcasting è un po' come essere abbonati a una rivista: i contenuti arrivano direttamente nel computer e lì restano a disposizione, per essere letti, ascoltati, distribuiti o copiati in un lettore MP3 o MP4 ovvero fruiti direttamente al computer.

Uno dei termini che ha preso piede con l'avvento dell'informatica è: virtuale. Oggi ci sono le comunità virtuali cioè delle persone riunite via Internet per valori o interessi comuni; ad esempio una passione, un divertimento o un mestiere o semplicemente per cercare nuove conoscenze e amicizie (virtuali naturalmente). In una comunità virtuale ci s'incontra, si scambiano due chiacchiere (*chat*) o ci si vede (*archivio foto* degli iscritti o *video chat*), si leggono le ultime notizie (*news*), si partecipa a dibattiti e conferenze (*forum* e *bacheca*), si gioca tutti insieme (*giochi on-line* e concorsi), ecc.

I siti che ospitano comunità virtuali cercano di mettere a disposizione dei propri iscritti quanti più strumenti gratuiti possibili per comunicare: a volte offrono spazio Web per creare le proprie pagine personali, danno la possibilità di inviare cartoline elettroniche, SMS gratuiti, hard disk virtuale on-line e quant'altro necessario per attirare l'attenzione e l'interesse.

Tra le comunità virtuali più note ci sono i Social Network, che possono essere considerati come il passo successivo ai blog per esprimere la propria identità digitale nella rete: comunicare e condividere la propria vita, con persone dello stesso luogo o con persone da altre parti del mondo. Lo scopo dichiarato di un Social Network è di mettere persone in contatto e far nascere relazioni: offrono la possibilità di creare una propria pagina Web, con una struttura predefinita, dove inserire un profilo personale.

In questa pagina si può raccontare qualcosa di proprio, avere uno spazio gratuito per pubblicare link, immagini, musica video e utilizzare tutte le modalità comunicative della rete (forum, chat room, inserimento di testi e immagini, condivisione di foto/video, e-mail, Instant Messaging, ecc.) in un unico ambiente. È possibile ricercare persone specificando dei criteri e ci sono comunità o sottogruppi basati su particolari interessi comuni.

Nei Social Network è esaltata una delle caratteristiche chiave del Web 2.0 cioè la partecipazione, l'interesse attivo dei membri a trovare amici con cui condividere esperienze, incrementare le opportunità lavorative e professionali.

Facebook è l'incontrastato leader fra i Social Network, ma non è né il primo né l'unico. Ci sono Siti di Social Networking che hanno diffusione in alcune zone del mondo più di altre.

Alcuni Social Network hanno argomenti predefiniti, mentre altri dichiarano uno scopo specifico. Al momento tra i siti più frequentati, dopo Facebook ci sono Twitter, Google +, LinkedIn, Pinterest, MSN, Hi5, Friendster, My Space e qualche altro centinaio di siti, tra cui molti hanno già chiuso i battenti o stanno per farlo dato l'interesse sempre più rivolto agli stessi gruppi, da parte del pubblico.

I Forum di discussione sono dei punti d'incontro virtuali in rete nei quali gli utenti di Internet, attraverso l'inserimento di messaggi in successione, possono discutere vari argomenti, leggendo le opinioni altrui e intervenendo per esprimere le proprie. Partecipare alla discussione su un argomento che ci interessa potrebbe risultare una pessima fonte di informazioni. Nessuna competenza è richiesta per intervenire in un forum e solamente la voglia di protagonismo spinge le persone a spiegare tutto a tutti senza curarsi di dimostrare e testare le proprie teorie. Peggiora ulteriormente le cose l'opportunità di rivolgersi a un pubblico che ha dubbi su un argomento e rivolge i propri quesiti a persone sconosciute, celate dietro a pseudonimi e privacy. Basta inserire

INFORMATICA: Navigazione e Comunicazione | MMMi

un quesito nella relativa sezione del forum e attendere che qualche partecipante al forum lo raccolga, esprimendo solo la sua opinione in merito.

Partecipare a un forum di discussione può apparire divertente e interessante, ma certamente non formativo né utile dato che l'attendibilità delle asserzioni in risposta ai quesiti è assolutamente di dubbia fondatezza.

Ad aggravare l'elargizione di queste pillole di saggezza da parte di chiunque è la caratteristica di permanenza dei testi su internet, che sono amplificate per mezzo dei motori di ricerca. Nessuno esercita alcun controllo su quanto pubblicato per il rispetto della libertà d'espressione del pensiero e questo consente di mescolare informazioni concrete con espressioni di assoluta fantasia.

Per fare un raffronto con la realtà direi che se ho un dubbio sull'algoritmo di Euclide andrei a guardare un'enciclopedia, magari in biblioteca, piuttosto che urlare in piazza durante il mercato.

Tra i pregi di cui si fregiano i forum c'è la sensazione di essere in un luogo specifico le piazze virtuali. Questa caratteristica contribuisce in maniera rilevante a creare, fra persone geograficamente distanti, quella sensazione di appartenenza al gruppo che è indispensabile per la crescita del forum. Incoraggiano discussioni trasversali: all'interno del tema principale esistono sempre sottotemi specifici, singoli problemi intorno ai quali tutti gli iscritti possono confrontarsi e discutere. Ciò consente a comunità anche molto numerose di frazionarsi in maniera naturale. Tengono traccia della storia della comunità: in genere i software o i servizi online per la gestione dei forum consentono di archiviare tutti i messaggi inseriti, altri invece cancellano i messaggi anteriori a una certa data.

Potremo dire quindi che i forum sono strumenti utilissimi per chiunque voglia creare un qualche tipo di comunità online e frequentare la piazza, virtualmente, senza uscire di casa. Le chat (in inglese chiacchierata) permettono di effettuare conversazioni in tempo reale, mettendo facilmente in contatto perfetti sconosciuti, generalmente in forma anonima, identificati da un soprannome, un nickname. Il "luogo" (lo spazio virtuale) in cui la chat si svolge è chiamato solitamente chat-room (letteralmente "stanza delle chiacchiere").

Un altro modo di aderire a una comunità virtuale è l'adesione a siti che offrono giochi di gruppo in rete. Esistono svariate comunità di giochi on line, con varie tematiche: giochi fantasy, tornei di calcio, giochi di ruolo, ecc. Normalmente l'iscrizione è gratuita, ma possono essere richiesti dei pagamenti tramite carte di credito, per ottenere funzionalità aggiuntive o per l'acquisto di moneta virtuale per i giochi d'azzardo.

Quando si utilizza la rete si deve essere consapevoli dei rischi che si corrono, come infettare il computer con virus aprendo messaggi sconosciuti o allegati, la possibilità di ricevere messaggi fraudolenti o non richiesti. Uno dei pericoli più comuni è il Phishing. Si tratta di un tipo di truffa via Internet attraverso la quale un aggressore cerca di ingannare la vittima convincendola a fornire dati personali sensibili. È una strategia volta a carpire con l'inganno le informazioni bancarie o finanziarie degli utenti della rete attraverso un messaggio di posta elettronica o un sito Web. Una comune frode tramite il phishing online si basa su un messaggio di posta elettronica simile a un avviso ufficiale inviato da un'origine attendibile come una banca, una società emittente di carte di credito o un commerciante su Internet di chiara reputazione.

I destinatari del messaggio di posta elettronica sono indirizzati a un sito Web fraudolento, in cui è richiesto di fornire informazioni personali, per esempio un numero di accesso e una password. Queste informazioni sono quindi utilizzate per appropriarsi dell'identità altrui.

Per poter navigare in internet e usare la comunicazione elettronica è indispensabile utilizzare tutti i sistemi di prevenzione e controllo come gli antivirus, ma soprattutto conoscere bene i rischi e prestare la dovuta attenzione per riconoscere le minacce.

INFORMATICA: Navigazione e Comunicazione | MMMi

LA POSTA ELETTRONICA

Approfondiamo la comunicazione vedendo come creare un proprio accesso alla posta elettronica (*account*) a uno dei servizi di mail on line. Esistono un'infinità di siti che gratuitamente mettono a disposizione una casella di posta elettronica e sapendo che difficilmente si tratta di opere di beneficenza, verrà spontaneo chiedersi per quale motivo.

Naturalmente la possibilità di annoverare un certo numero di utenti cui sottoporre la pubblicità dei loro clienti, sia sotto forma di messaggi e-mail, sia come popup e colonne laterali, fa gola a tutti. Sono tantissimi e tra i più famosi c'è Libero.it, Tiscali.it, Tim.it, Hotmail.com e .it, Alice.it, Katamail.it, Tre.it, Yahoo.it, Virgilio.it, Vodafone.it, Wind.it e tutti quelli che ora non mi vengono in mente. Quasi tutti consentono la gestione e visualizzazione della posta solamente tramite webmail, cioè devi connetterti al loro sito per leggere e scrivere i tuoi messaggi. In questo modo possono far apparire tutte le pubblicità, sopra, sotto, a destra e sinistra dei tuoi messaggi. Tra i pochi siti gratuiti che consentono ancora di scaricare e amministrare la casella di posta tramite un software residente nel nostro PC c'è Gmail, la posta elettronica messa a disposizione da parte di Google.

Per poter inviare e ricevere le e-mail con i servizi offerti dal gestore della posta elettronica si deve effettuare una registrazione, sottoscrivere il contratto di fornitura e di accesso alla mail attraverso la creazione del proprio account di posta elettronica, cui accedere attraverso un nome utente e una password. Nella pagina seguente possiamo vedere l'elenco di tutti i servizi, gli applicativi e i programmi per computer che Google mette a disposizione per l'utilizzo on line o in alcuni casi per il download e l'installazione nel PC.

Ce ne sono per tutti i gusti e tutte le esigenze: dal browser Chrome al fotoritocco con Picasa; da Documenti, un insieme di programmi da ufficio con Cloud on line a Earth per scoprire l'emisfero.

Tutti hanno la possibilità di interagire, condividere informazioni e consentirci l'utilizzo dei nostri dati in qualsiasi punto del mondo anche tramite un PC diverso dal nostro.

Google chiama questo "account unico", poiché con lo stesso nome e password, oltre alla posta elettronica, possiamo avere accesso a tantissimi servizi e programmi on line e locali gratuiti che vedi nella pagina precedente e sono in costante aumento. Per la cronaca debbo ricordare che alcuni programmi e servizi esistono anche in versione "Business" a pagamento, ma in effetti per l'utilizzo personale, sono sufficienti le versioni gratuite.

Una volta aperta la pagina di google.it, troviamo in alto a destra il pulsante rosso ACCEDI, che dopo aver cliccato si diventa REGISTRATI. Questo fa riferimento alla registrazione generale ai servizi di Google. In alternativa, sempre nella pagina iniziale di Google possiamo cliccare in alto su Gmail e quindi appare la pagina di accesso alla posta e in alto a destra il pulsante Crea un Account, che ti fa accedere alla procedura di registrazione.

Alla fine, se la registrazione è stata conclusa con successo, è visualizzata una pagina che contiene i dati di registrazione, è consigliabile stampare questa pagina, o quantomeno scriversi l'account e la password in un posto sicuro, per non dimenticare. Iniziamo con la procedura che devi seguire per sottoscrivere un abbonamento gratuito con Gmail il servizio di posta elettronica di Google.

INFORMATICA: Navigazione e Comunicazione | MMMi

Apri il browser e vai alla pagina di Google digitando nella barra dell'indirizzo www.google.it. Le immagini e le spiegazioni di questo testo sono indicative, dato che le pagine Web degli operatori della rete sono in continua evoluzione. Le spiegazioni e le immagini successive potrebbero non essere perfettamente aderenti a quello che appare attualmente sul tuo video. La modalità operativa rimane comunque valida e puoi facilmente orientarti nel percorso proposto.

Nella barra superiore della pagina di Google, tra le varie opzioni c'è Gmail che consente di accedere direttamente alla posta elettronica. Se non hai un account Google e non hai già provveduto all'accesso con il tuo account, allora ti apparirà una schermata come quella che vedi qui sotto.

Ora puoi inserire le tue credenziali, ma se come nel caso considerato non ti sei mai registrato ovvero hai intenzione di crearti un altro indirizzo email, allora devi cliccare su bottone in alto a destra: CREA UN ACCOUNT.

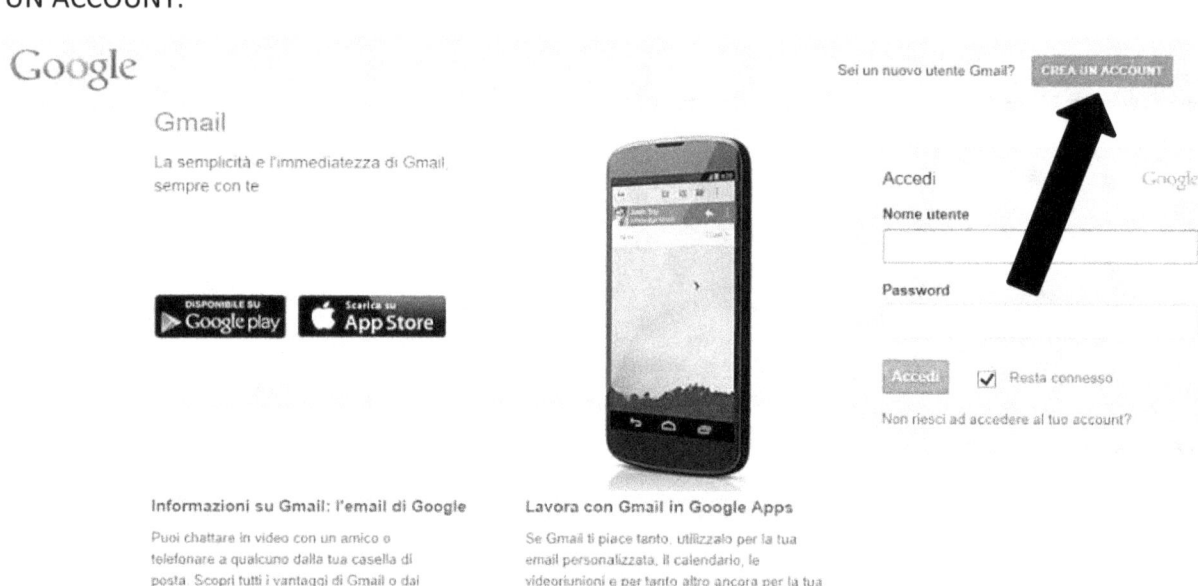

Ora appare la pagina qui sotto con i vari campi da compilare. Il modulo per la creazione dell'account dovrebbe essere come questo qui sopra. Inserisci le informazioni che ti sono richieste. Fai attenzione a "inventarti" un nome di accesso (*username*) che non sia già presente. Solitamente potrebbe essere utile creare un account tipo nome.cognome, se già impegnato possiamo provare nomecognome o cognomenome. Nel caso siano tutti impegnati possiamo aggiungere un numero come l'anno di nascita, ma in verità possiamo usare qualsiasi combinazione di caratteri, anche insignificante. L'importante è che la ricordiamo e potrebbe essere utile se la ricordassero anche coloro che vogliono scriverci.

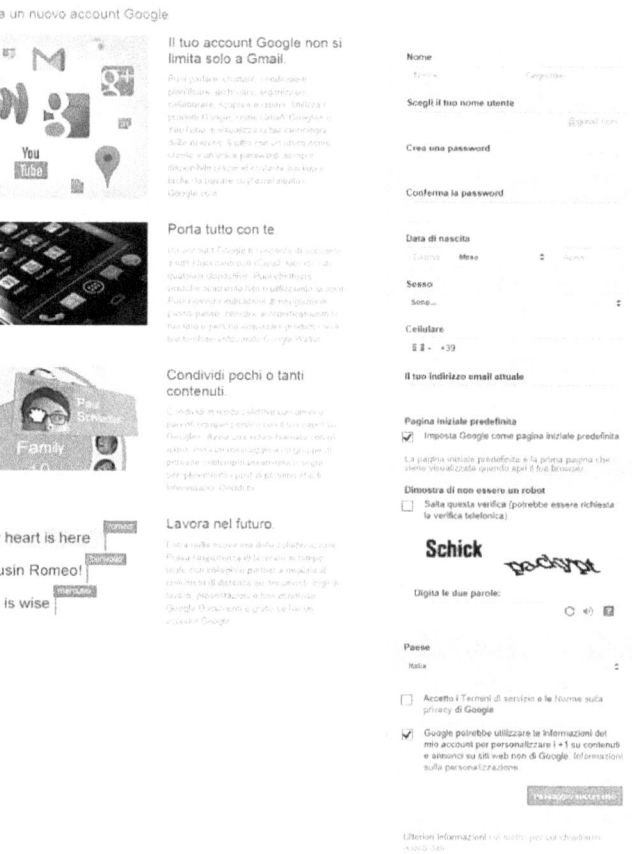

INFORMATICA: Navigazione e Comunicazione | MMMi

Tale nome sarà utilizzato per l'autenticazione con il provider tutte le volte che ti collegherai alla posta; il nome è completato con "@gmail.it". Queste due parti formeranno il tuo indirizzo di posta elettronica. Fai attenzione alla password che vuoi utilizzare sarà il tuo codice segreto di accesso alla rete. Devi inserirla due volte, per evitare inconvenienti dovuti a errori di battitura. Inoltre è consigliabile che non sia banale (come il proprio cognome) e sufficientemente lunga, altrimenti potrebbe essere "indovinata" facilmente. Consiglio di utilizzare sia caratteri sia numeri, lettere maiuscole e minuscole. Si possono usare anche caratteri come il punto, trattino e underscore (. - _). Nel modulo ci sono delle informazioni "facoltative" da inserire (utilizzate come dati statistici dal provider) e impostazioni di sicurezza, come la domanda segreta. Questa risulterà essenziale nel caso in cui dovessimo dimenticare la password.

In molti moduli c'è la verifica visiva in fase di registrazione: in pratica si vuole controllare che il modulo sia compilato da una persona fisica e non da programmi automatici. L'utente vede un'immagine di un testo e deve digitarlo correttamente nella casella, non servono maiuscole o spazi, bensì tutti i caratteri che riconosciamo.

A seguire ci sono le condizioni generali del contratto e il consenso al trattamento dei dati personali. Leggi sempre attentamente qualsiasi contratto e condizione che ti sono proposte, per evitare spiacevoli sorprese in futuro. In questo caso dopo avere letto termini e condizioni, per ottenere l'abbonamento dovrai esplicitamente accettarle con un clic sul pulsante Accetto. Crea il mio account. Se non esiste già uno username uguale al tuo, dopo le verifiche di controllo, la procedura di iscrizione è terminata e avrai una pagina riassuntiva dei dati inseriti e alcune informazioni utili per l'eventuale configurazione del computer. Inutile stampare e conservare tale pagina in luogo sicuro. Tutte le istruzioni saranno sempre consultabili tramite la funzione di Aiuto on line.

Una volta creato l'account su Gmail, iniziamo a utilizzare il servizio. Prepariamo (e spediamo) un primo messaggio. Non devi avere a disposizione un indirizzo e-mail a cui spedire il messaggio, puoi inoltrarlo anche a te stesso, così da controllare sia la spedizione sia la ricezione dei messaggi.

Crea un messaggio molto semplice senza preoccuparti degli aspetti di formattazione del testo. Magari come oggetto scrivi PROVA e come testo CIAO. Presta sempre molta attenzione nel digitare l'indirizzo del destinatario, che in questo caso è il tuo stesso indirizzo. Invia e attendi di ricevere il primo messaggio in arrivo.

Vedremo poi come rispondere ai messaggi che ci sono arrivati.

Aperta la posta elettronica dalla home page di Google, inserito account e password, si apre la consolle per la gestione dell' E-mail con line. Nella finestra si trovano questi elementi: l'elenco delle cartelle che contengono i messaggi e tra questi la Posta in arrivo , la Posta inviata contiene una copia dei messaggi spediti, le Bozze con i messaggi iniziati ma non inviati, cioè i messaggi che devono essere ancora completati prima di essere spediti. Il pulsante Scrivi per comporre un nuovo messaggio e la Barra degli strumenti.

Questa barra è costituita da pulsanti (Seleziona, Archivia, Elimina, sposta in, ecc.) che effettuano operazioni sul messaggio aperto. Ogni icona rappresenta l'azione collegata. In ogni caso, per sapere quale operazione esegue uno specifico pulsante, basta posizionare il puntatore del mouse sopra il pulsante e aspettare (senza fare clic) qualche secondo fino a quando appare la descrizione. Per esempio il pulsante Elimina è rappresentato da un bidone dell'immondizia e permette di cancellare i messaggi selezionati.

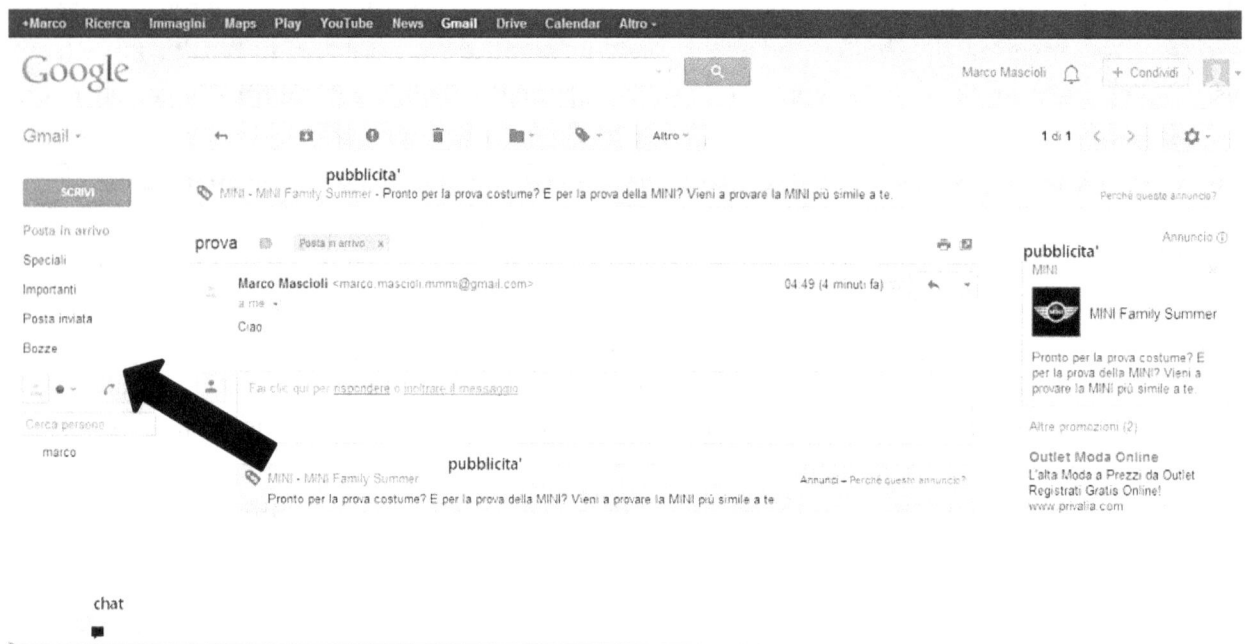

Per vedere il contenuto delle cartelle basta selezionarle: i messaggi al loro interno saranno visualizzati nel riquadro al centro. Per esempio i messaggi cancellati sono contenuti nel Cestino. Le cartelle rimanenti appariranno dopo aver portato il mouse sotto l'ultima visibile e poi cliccando su ALTRO.
Se un messaggio è in grassetto significa che non è stato ancora letto. Un messaggio è letto se aperto con un clic, In questo caso non appare più in grassetto.
Quando apri Gmail, il programma va a cercare sul server della posta i messaggi presenti nella tua casella di posta elettronica e li scaricherà nella cartella Posta in arrivo.
La parte iniziale del contenuto del messaggio appare in grigio, dopo l'oggetto. Puoi selezionare più messaggi spuntando la rispettiva casella per effettuare delle azioni comuni su essi (come eliminarli, spostarli in un'altra cartella, ecc.)
Se il messaggio contiene file *allegati*, fai clic sull'icona con la graffetta che appare alla destra del messaggio per sapere di cosa si tratta.
Una volta individuati gli elementi fondamentali della finestra di Gmail, vediamo come si effettua una delle operazioni fondamentali: comporre un nuovo messaggio.
Per creare il messaggio fai un clic sul pulsante Scrivi. Appare una nuova finestra di popup con un messaggio vuoto. La prima casella nella parte superiore della finestra, la casella A, serve a indicare a chi inviare il messaggio, cioè il destinatario. In questa casella devi scrivere l'indirizzo e-mail del destinatario. Puoi anche scrivere più indirizzi, separandoli con una virgola o (meglio) un punto e virgola.
Se fai un clic sui link Cc e Ccn a destra del destinatario, appaiono due nuove caselle, sotto la prima riga del destinatario per competenza. E' forse il caso di ricordare la differenza tra i destinatari: quelli per competenza sono coloro che devono agire in conseguenza di quanto comunicato, i destinatari

per conoscenza ricevono la missiva solo a titolo d'informazione, ma la cosa più importante è la casella destinata ai CCN.

CCN significa destinatari in Copia per Conoscenza Nascosti. Questi riceveranno la stessa E-mail degli altri destinatari, ma i loro indirizzi non saranno visibili. Questa funzione è importantissima per il rispetto della privacy altrui.

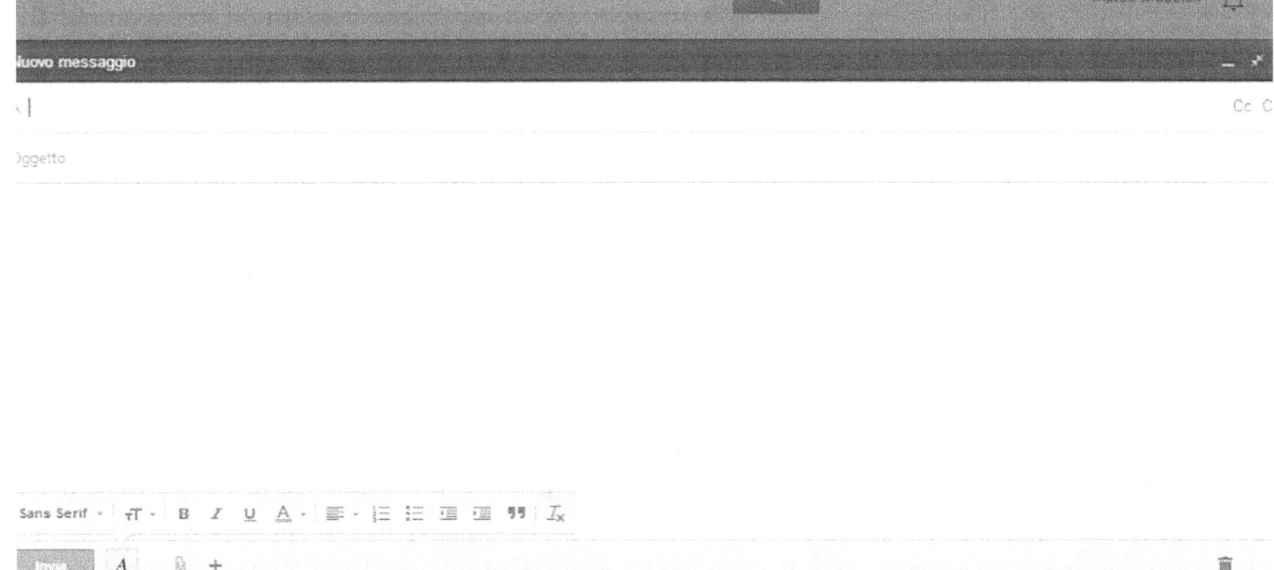

Nel caso in cui vogliamo mandare un messaggio a tanti destinatari, per esempio gli auguri di natale, possiamo realizzare una Email magari con foto o immagini e decidere di mandarla contemporaneamente a tutti gli amici e parenti presenti nella nostra rubrica. Questi indirizzi dovranno essere tutti inseriti nel campo CCN, perché non sappiamo se a qualcuno potrebbe non far piacere comunicare il proprio indirizzo a tutti gli altri destinatari.

Nella pratica non cambia nulla; tutti i destinatari ricevono il messaggio e qualora un indirizzo fosse errato o la casella del destinatario fosse piena, riceveremmo un avviso relativo a qualunque tipo di destinatario.

Molto importante è la casella Oggetto, dove s'indica l'argomento del messaggio. Nel caso della posta elettronica specificare l'oggetto sarà molto più importante rispetto a una lettera su carta perché sarà la prima cosa che il destinatario vedrà (assieme al nome o indirizzo E-mail del mittente) al momento della ricezione del messaggio.

A questo punto non resta che scrivere il contenuto del messaggio nello spazio bianco sottostante l'oggetto.

Una volta completato il messaggio si può inviarlo con il pulsante Invia. Gmail ritorna alla finestra iniziale, con la posta in arrivo.

Se un messaggio è soltanto abbozzato e non ancora pronto per l'invio, puoi usare il pulsante Salva adesso per conservarlo nella cartella Bozze; da qui potrai prelevarlo in seguito per modificarlo e inviarlo.

Dopo aver visto come inviare un messaggio vediamo l'operazione opposta: come rispondere a un messaggio. Gmail offre comandi immediati ed efficienti per rispondere rapidamente e rendere più semplice la comunicazione rispetto alla posta tradizionale.

Apri un messaggio presente nella Posta in arrivo e sotto il messaggio stesso trovi un riquadro con due opzioni: rispondi e inoltra.

La differenza sostanziale è che Rispondi apre un messaggio in cui il destinatario per competenza è già compilato con l'indirizzo di colui che ci aveva scritto, mentre per Inoltra s'intende l'esigenza di mandare il messaggio che abbiamo ricevuto, magari con una nostra presentazione, a un terzo destinatario.

Comoda la funzione Rispondi, ci presenta nella casella A l'indirizzo del mittente che ora diviene destinatario. Nella casella Oggetto appare lo stesso del messaggio ricevuto preceduto dalla sigla Re. L'oggetto del messaggio di risposta non è nemmeno visibile mentre rispondiamo, ma sarà presente nella versione che spediremo.

La sigla Re. (in risposta a) indica che questo messaggio è una replica a quello che era arrivato. Infatti, nella parte relativa al testo appare il messaggio ricevuto completo di tutte le indicazioni.

Puoi cancellare gli elementi che non t'interessano, scrivere la risposta e inviare.

Un messaggio può contenere anche altri destinatari, specificati nella casella A o Cc. Se vuoi rispondere a tutti contemporaneamente usa il link rispondere a tutti.

In questo caso sono aggiunti automaticamente nel campo Cc (del messaggio di risposta) tutti gli indirizzi degli altri destinatari. Puoi completare il messaggio come nel caso precedente e inoltrarlo.

L'ultimo comando rimasto è il link Inoltra che permette di inoltrare un messaggio ricevuto ad altri destinatari, per far leggere un messaggio ricevuto a un'altra persona.

Il comando, come anche quelli precedenti e tanti altri, è presente anche nel menu con la freccia rivolta verso sinistra.

Con un clic sul comando Inoltra appare la finestra per il nuovo messaggio con il messaggio selezionato nel riquadro del testo.

L'Oggetto dell'e-mail conterrà lo stesso del messaggio originale preceduto dalla sigla Fwd (abbreviativo di Forward cioè inoltra). Nel riquadro del testo appare il tuo indirizzo di posta elettronica, quello a cui è stato inviato.

A questo punto è sufficiente aggiungere il destinatario e inoltrare il messaggio. Se c'erano degli allegati all'e-mail originaria, questi verranno a loro volta rispediti.

INFORMATICA: Navigazione e Comunicazione | MMMi

LA RUBRICA

Non sempre è facile ricordarsi l'indirizzo esatto del destinatario (o dei destinatari) a cui vogliamo spedire un messaggio e se sbagliamo a scriverlo, l'e-mail non sarà recapitata.

L'importante è scrivere correttamente l'indirizzo la prima volta, poi il problema lo risolve la Rubrica di Gmail, sicuramente uno degli strumenti più utili di un programma di posta elettronica.

La Rubrica permette di memorizzare tutti i dati dei nostri corrispondenti, evitando di dover ricordarsi a memoria gli indirizzi e-mail, che molto spesso sono sigle complicate, comprensibili solo dal suo proprietario.

Possiamo spedire un messaggio a un destinatario identificato dall'indirizzo e-mail come abbiamo visto in precedenza, ma se inseriamo questo indirizzo nella Rubrica, sarà comodo in futuro.

Per accedere alla Rubrica dalla finestra iniziale di Gmail fai un clic sulla voce GMAIL in alto a sinistra con la freccia verso il basso e scegli Contatti nel menu del pulsante Posta. Appare la finestra che visualizza tutti i *contatti* presenti nella Rubrica, con il loro indirizzo e-mail.

Premi il pulsante NUOVO CONTATTO per inserire un contatto nella Rubrica. Appare una casella per inserire solo l'indirizzo E-mail, in seguito possiamo aprire la finestra formata da varie caselle, proprio come un indirizzario cartaceo e inserire tutti i dati riferiti a quel contatto.

Nelle caselle si possono specificare i dati del contatto. Le informazioni essenziali da memorizzare sono il Nome (che apparirà nell'elenco della Rubrica in ordine alfabetico) e il relativo Indirizzo e-mail. Una volta inseriti questi valori il contatto è automaticamente salvato nella Rubrica:
altrimenti premi il pulsante Salva ora.

Una volta completati i dati si può tornare a visualizzare la Rubrica con il link Torna a Contatti

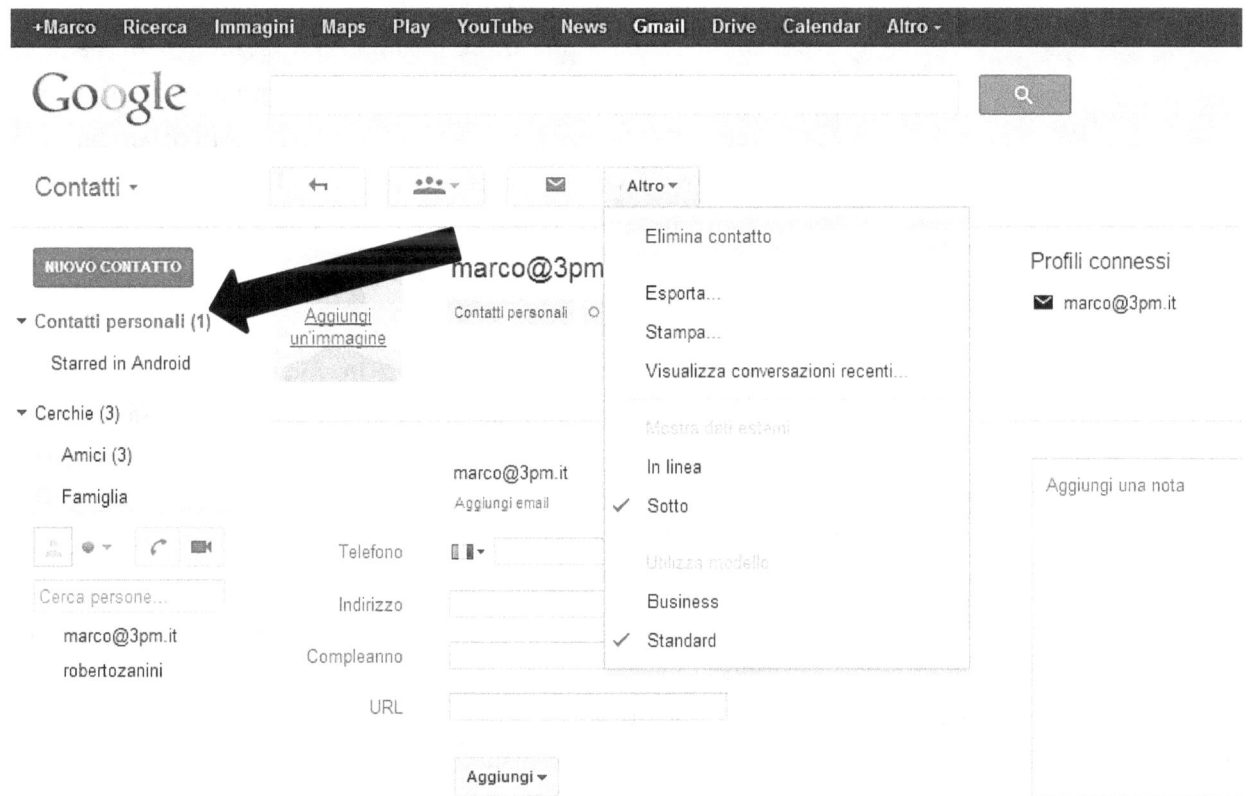

personali. Nella finestra della Rubrica appare il contatto appena inserito. Se vuoi inserisci pure altri contatti seguendo la modalità appena descritta. Per cancellare un nome dall'elenco dei contatti basta selezionarlo e scegliere la voce Elimina contatto dal menu del pulsante Altro, che contiene tutte le opzioni applicabili.

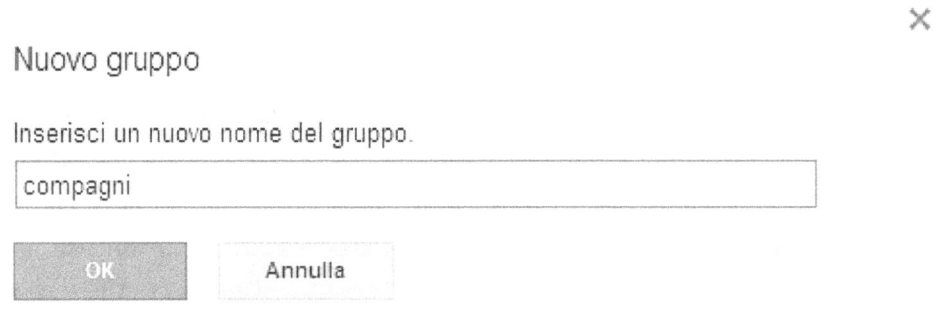

Se vogliamo aggiungere altri dati a questa scheda, possiamo cliccare sotto, sul pulsante Aggiungi e appariranno tutte le voci che possiamo compilare come nell'immagine qui a lato. Se iniziamo a utilizzare tutti i campi utili, avremo sempre a portata di mano i riferimenti, ordinati alfabeticamente e ricercabili con tutte le funzioni di Gmail.

Tra le nuove funzionalità di Gmail ci sono i gruppi e le cerchie, che unitamente a Google + ci consentono di utilizzare la rubrica anche per il Social Network.

È importante mantenere efficiente la propria Rubrica, organizzando i dati che contiene. Un modo per organizzare i contatti della Rubrica è la creazione di Gruppi. Un gruppo è un insieme di contatti che Gmail considera come se fosse un unico contatto. Si può ad esempio creare un gruppo chiamato "amici" composto da tutti i contatti che sono considerati degli amici. Se si deve inviare lo stesso messaggio agli amici, invece di prepararlo per ognuno, si può spedire al gruppo.

Nella finestra dei contatti seleziona chi vuoi includere nel nuovo gruppo. Poi fai clic sul pulsante Gruppi. Appare un menu con l'elenco dei gruppi già esistenti.
Fai clic su Crea nuovo. Apparirà la finestra di creazione del gruppo.

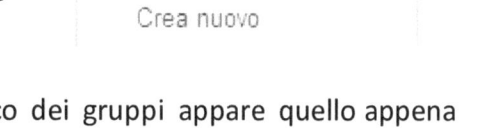

Scrivi il nome del gruppo: nel nostro caso scriviamo "compagni".
Al termine premi
OK.
Il nome del gruppo appare alla destra dei contatti e nell'elenco dei gruppi appare quello appena creato.

Per aggiungere un contatto a un gruppo basta selezionarlo e scegliere il nome del gruppo dal menu del pulsante Gruppi. Viceversa se i contatti selezionati sono nel gruppo, scegliendo il nome del gruppo sono rimossi.

Vediamo come mandare un messaggio selezionando i destinatari nella Rubrica. Per tornare alla gestione dei messaggi scegli la voce Posta nel menu del pulsante Contatti. Ora abbiamo varie possibilità tra cui scegliere: creare un nuovo messaggio con un clic sul pulsante Crea.

Appare la finestra dove comporre il messaggio. Invece di digitare l'indirizzo del destinatario, premi il pulsante A e appare la finestra che permette di aggiungere al messaggio, come destinatari, i contatti della Rubrica.

La stessa cosa si può fare per i destinatari per conoscenza o nascosti, cliccando su CC o CCN e poi scegliendo dalla rubrica il destinatario, i destinatari o il gruppo cui vogliamo scrivere. Altro sistema per mandare un messaggio a un destinatario presente nella nostra rubrica, possiamo selezionare un contatto dell'elenco e cliccare sull'icona della busta come nell'immagine qui sotto.

INFORMATICA: Navigazione e Comunicazione | MMMi

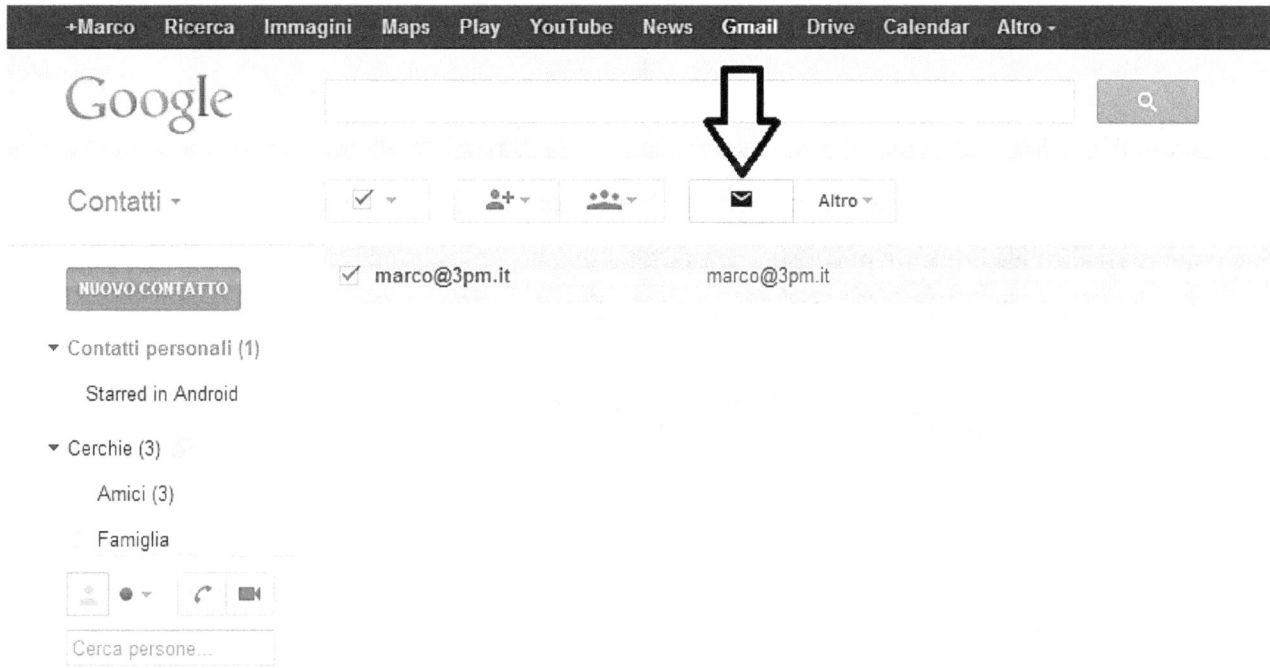

A questo punto si apre la finestra per la compilazione del messaggio completo dell'indirizzo del destinatario che abbiamo selezionato nella rubrica. Puoi aggiungere anche altri contatti, sia nel campo A sia CC o CCn. In particolare puoi selezionare come destinatario un gruppo. In questo caso scegli dal menu il nome del gruppo. Puoi inserire tutti i contatti del gruppo con il comando Tutti, oppure quelli che desideri selezionandoli con un clic.

INFORMATICA: Navigazione e Comunicazione | MMMi

GLI ALLEGATI

Tra le funzioni più importanti della posta elettronica c'è la possibilità di trasmettere, insieme a un messaggio di testo, anche uno o più file in allegato. Questo consente di inviare documenti, foto, canzoni, video o qualsiasi altro file presente nel nostro computer a un altro, magari dall'altra parte del mondo. Per allegare un file basta fare un clic sull'icona Allega file.

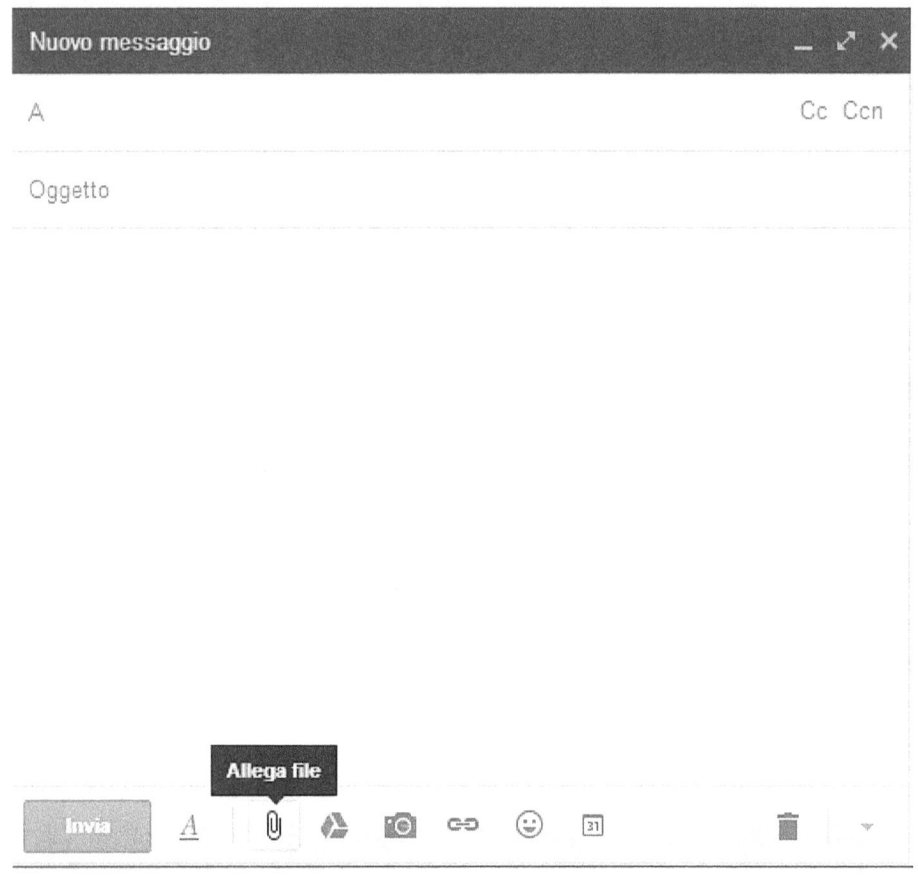

Verrà visualizzata la finestra per selezionare il file da allegare al messaggio. Di solito è visualizzato il contenuto della cartella Documenti.
Se il file che vuoi allegare si trova in una cartella diversa, puoi cercarlo per selezionarlo.
Infatti si apre la classica finestra con la colonna di sinistra che indica le periferiche e le cartelle connesse al computer.
Tra le nuove funzionalità della webmail di google ci sono le icone per allegare file direttamente da Google Drive (un cloud gratuito che ci consente di conservare i nostri file nel server di google e averli disponibili ovunque siamo, anche senza il nostro PC).

Piccola parentesi per chiarire cos'è un cloud (in inglese nuvola). Nell'immaginario vorrebbe rappresentare qualcosa di molto simile alla Famiglia Addams che ovunque vada ha la sua nuvoletta sopra.

Nella storia del computer abbiamo attraversato vari periodi: agli albori le capacità di elaborazione portava a realizzare strutture di rete che consentissero a più calcolatori elettronici di lavorare insieme per accelerare le operazioni di calcolo, poi c'erano unità a bobina per memorizzare i dati. Poi hanno realizzato grandi computer (IBM per prima) che contenevano all'interno più processori e Hard Disk, di capacità irrisoria, ma dimensioni enormi. La principale caratteristica più elevata di questi server era il prezzo. Così si utilizzavano solo in grandi aziende e per sfruttare le prestazioni di calcolo, erano collegati una serie di terminali che utilizzavano il processore e la capacità di memorizzazione.

INFORMATICA: Navigazione e Comunicazione | MMMi

Poi i prezzi di hardware assemblati e con software sempre più alla portata di chiunque, hanno visto una diffusione sempre maggiore e quindi sono nati i primi Personal Computer, cioè sistemi completi, autonomi, dotati di ogni periferica e programma per svolgere qualsiasi attività informatica.

Negli ultimi anni l'evoluzione di Hardware e Software ha subìto una tale accelerazione che sostituire tutto ogni anno rappresenta una spesa insostenibile per le aziende così si sta tornando verso una soluzione centralizzata, ma date le opportunità offerte dalle connessioni sempre più veloci, i server con i programmi e i dati non debbono essere fisicamente nella azienda, bensì ovunque nel mondo.

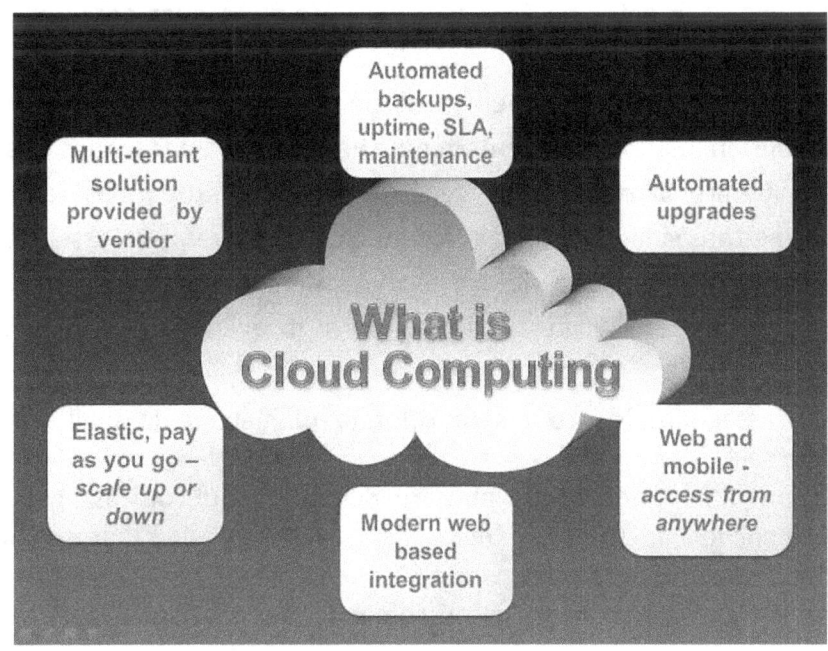

La possibilità di noleggiare spazio in hard disk remoti, conservati in sistemi sicuri, con salvataggio dei dati su sistemi ridondanti e programmi da usare tramite internet rappresenta l'ultima svolta nell'evoluzione dei sistemi di office automation.

Google mette a disposizione gratuitamente spazio nei propri server (al momento sono 15 GB) ed eventualmente si possono richiedere ulteriori spazi a pagamento. Sono gratuiti anche un'infinità di applicativi che svolgono qualunque funzione.

Alcuni debbono essere scaricati e installati nel PC, altri sono funzionanti e completi direttamente on line. Quasi tutti sono multipiattaforma, cioè lo stesso programma funziona su Mac, Pc, Tablet, Smartphone etc.

Insomma tra i tanti vantaggi del sistema Cloud c'è la possibilità di accesso ai dati da qualsiasi posto; con qualsiasi apparato elettronico; tramite internet, ma anche usando una copia nel nostro Hard Disk che automaticamente aggiornerà i dati nel server remoto non appena è stabilita una connessione; utilizzare software sempre aggiornato, gratuitamente o dietro il pagamento di un piccolo canone di noleggio mensile, flessibile in funzione delle esigenze, scalabile (possiamo scegliere quali programmi implementare o eliminare dal pacchetto ogni mese), la sicurezza dei dati è garantita da sistemi automatici di backup.

Tornando al nostro messaggio al quale vogliamo inserire un allegato, tramite webmail, possiamo allegare una foto, con l'icona apposita, aggiungere una Emoticon (sono quelle icone che rappresentano stati d'animo come le faccine che ridono, i cuoricini, etc.), un link a una pagine web, oppure un invito con appuntamento che consentirà a noi stessi e a tutti i destinatari di aggiornare automaticamente il loro calendario personale, con tanto di promemoria.

Quando si risponde a un messaggio che contiene file allegati, questi non sono allegati alla risposta: sarebbe inutile rispedire gli allegati a chi ce li ha mandati. Quando s'inoltra un messaggio, invece, per default il programma inserisce tutti i file allegati anche nel messaggio inoltrato.

Oggi i servizi di mailing come Gmail non hanno problemi di capienza, di dimensioni dei messaggi e degli allegati, cosa che ancora succede con quasi tutte le altre caselle postali elettroniche gratuite. Bisogna però considerare i tempi di trasferimento del messaggio da inviare, quelli relativi alla

INFORMATICA: Navigazione e Comunicazione | MMMi

ricezione da parte del destinatario e anche lo spazio che occuperà nella sua memoria.

Per esempio pensiamo alla fotografia scattata con la nostra nuova macchina fotografica reflex, 20 Mega Pixel significa quasi dieci mega di file in formato compresso. Il nostro gatto è venuto benissimo, ma dobbiamo considerare cosa dovrà fare con quella foto il destinatario. Con un'immagine di quelle dimensioni potrebbe stampare un poster, una gigantografia, mentre se il suo interesse sarà limitato a vedere il risultato sullo schermo del PC e magari la cancellerà subito dopo, sarebbe sufficiente una risoluzione da 1 Mega. Traduco per i non fotografi 1 mega corrisponde quasi a una risoluzione di 1.600 X 1.200 Pixel e stabilito che sono davvero poche le persone che utilizzano monitor che arrivano a quelle risoluzioni, vedrà la foto a tutto schermo, ma non si lamenterà delle dimensioni del file e di quanto tempo ha impiegato per scaricare la posta.

Considerare la dimensione degli allegati è sempre importante, soprattutto quando dobbiamo trasmettere video, canzoni, e documenti che potrebbero essere enormi, valutiamo prima se è utile, possibile e opportuno ridurre le dimensioni prima dell'invio. Ci sono alcuni contrassegni che si possono mettere al messaggio per porre in evidenza e segnalarne l'importanza.

Nella posta in arrivo, fai clic sull'icona a forma di stella vuota per i messaggi che vuoi contrassegnare. La stella sarà colorata di giallo e la mail verrà anche inserita tra i messaggi "Speciali".

Chiaramente, non bisogna abusare del simbolo di contrassegno, perché esso perderebbe di senso. Puoi anche evidenziare un messaggio con un segnalino di importanza. Seleziona il messaggio e, dal menu del pulsante Altro, scegli la voce Segna come Importante. Il segnalino assume il colore giallo. Nello stesso menu c'è il comando per segnare il messaggio come Già letto o Da leggere.

Anche l'occhio vuole la sua parte. Se stiamo scrivendo all'amico che vi vedrete per la merenda alle cinque, non è molto importante, ma se vuoi candidarti per un posto di lavoro, anche la stilistica del messaggio sarà oggetto di valutazione.

Scrivere bene, senza errori, è tanto importante quanto la formattazione del testo nel messaggio. Il testo si scrive all'interno del riquadro vuoto e solitamente la stilistica cambia in funzione del tipo di messaggio e del destinatario.

INFORMATICA: Navigazione e Comunicazione | MMMi

In ogni caso mai scrivere tutto in MAIUSCOLO. Oltre ad essere sbagliato, in ambito informatico è come se urlassi. Attenersi alle regole della sintassi e della grammatica è sempre opportuno. Ricorda la gratuità del sistema di trasmissione e, cosa fondamentale, che non ci sono limiti nel numero di caratteri. Meglio scrivere una frase in più per essere sicuramente compresi, anziché rimanere stringati, ma dare adito a interpretazioni errate. Quando scriviamo un messaggio abbiamo a disposizione tutti i comandi fondamentali per la formattazione come in un programma di videoscrittura.

Possiamo scegliere il tipo di carattere: questo menu permette di scegliere la forma del carattere tra gli undici più diffusi TTF (True Type Fonts).

Per cambiare tipo carattere si deve selezionare il testo e fare un clic sulla freccia vicino al nome del carattere: apparirà l'elenco dei possibili tipi di carattere. A questo punto basta fare un clic sopra il nome del carattere prescelto. Se il testo non dev'essere un arlecchino, è meglio scegliere un tipo di carattere per tutto il documento.

La dimensione del carattere: permette di modificare la grandezza del testo selezionato. Sono proposte delle dimensioni predefinite.

Grassetto, corsivo, sottolineato: Questi comandi permettono di applicare il formato relativo al testo selezionato. Questi tre formati possono anche essere combinati insieme, ad esempio *testo grassetto corsivo sottolineato*. Lo scopo è di dare enfasi a una parola o una frase. Come detto in precedenza, se mettiamo tutto in evidenza, nulla si evidenza. Mai abusare.

Allineamento a sinistra: con questo comando la parte sinistra del paragrafo appare allineata al margine sinistro del messaggio, mentre la parte destra appare "sfrangiata".

Cliccando sulla freccia verso il basso si apre il menù a tendina che consente di scegliere anche l'allineamento a destra (in questo caso la parte destra del paragrafo appare allineata al margine mentre la parte sinistra appare "sfrangiata"), oppure l'allineamento al centro: in questo caso il paragrafo appare centrato nella pagina.

Elenchi puntati ed Elenchi numerati: permettono di aggiungere automaticamente dei punti elenco o numeri a un testo. Aumenta rientro e Riduci rientro: permette di modificare il rientro di un paragrafo. Per suddividere il testo in paragrafi, sotto paragrafi, comma e sotto comma. Il pulsante Aumenta rientro sposta verso destra le righe selezionate. Il pulsante Riduci rientro sposta le voci selezionate verso sinistra.

Inserisci collegamento ipertestuale per far diventare il testo evidenziato collegamento ipertestuale (cioè un link) a una pagina in internet. Per utilizzare questo comando si
deve evidenziare il testo e premere il pulsante Crea collegamento ipertestuale, quindi inserire l'indirizzo web della pagina cui collegarsi.

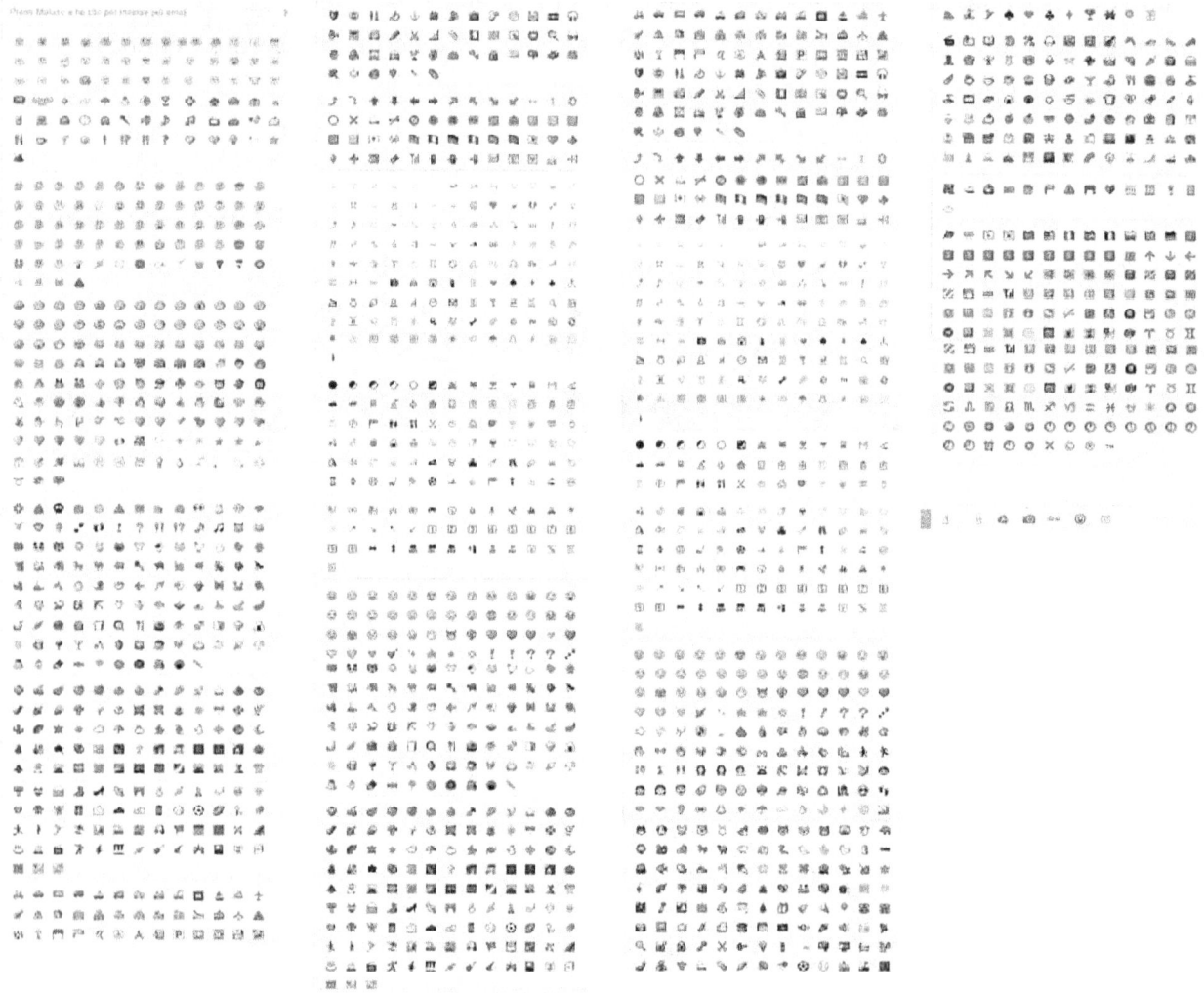

Emoticons: (in italiano faccine). Sono riproduzioni stilizzate di espressioni, che esprimono la presenza di un'emozione.

Mentre scriviamo il testo del messaggio, il controllo ortografico e grammaticale funziona in background e sottolinea in rosso gli errori. Nel caso dovessimo sbagliare una parola, dopo aver

INFORMATICA: Navigazione e Comunicazione | MMMi

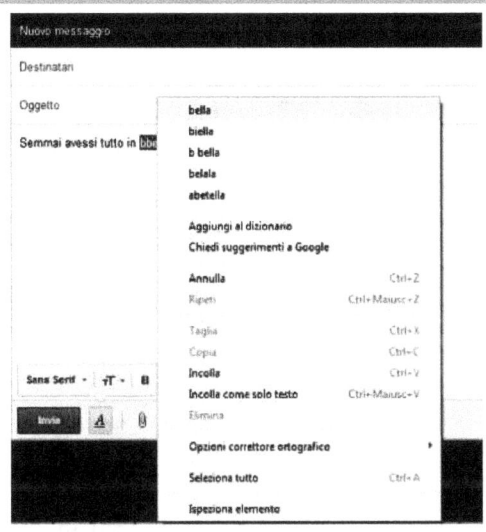

notato la sottolineatura rossa, possiamo cliccare con il tasto destro del mouse e scoprire quali sono i suggerimenti corretti che ci sono proposti, ovvero le opzioni disponibili.

Possiamo personalizzare il nostro dizionario aggiungendo i termini che utilizziamo e che non sono presenti in quello standard, possiamo anche fare una ricerca chiedendo suggerimenti a Google, ma anche altre.

Abbiamo parlato di forma estetica, ma è importante tenere presente le regole di "galateo" della rete (*netiquette*) quando si compone un messaggio: descrizione accurata dell'oggetto dei messaggi di posta elettronica, concisione nelle risposte,

controllo ortografico della posta.

GESTIONE DELLA POSTA

Quando i messaggi di posta elettronica cominciano a essere numerosi, è opportuno organizzare la posta, soprattutto quella in arrivo. Primo suggerimento è tenere tutte le cartelle pulite. Quando abbiamo inviato o ricevuto un messaggio senza nessuna importanza per il futuro, meglio eliminarlo subito dopo averlo letto.

Per esempio quando ci iscriveremo ai vari servizi in internet come blog, chat, newsletter o comunque manderemo messaggi ad aziende con il nostro indirizzo di posta elettronica, vedremo aumentare esponenzialmente il numero di pubblicità e messaggi promozionali.

Se si ricevono molti messaggi di posta elettronica in breve tempo la cartella Posta in arrivo conterrà moltissimi messaggi e diventerà difficile trovare quelli che ci interessano.

In questo caso può essere utile creare delle cartelle personali, in aggiunta a quelle di Gmail, in modo da separare i messaggi dello stesso argomento o dello stesso mittente o altro qualsiasi elemento in comune.

In Gmail non c'è la possibilità di creare cartelle. Puoi però creare le "equivalenti" etichette.

Ci sono già delle etichette predefinite come Lavoro, Personale, ecc., visibili nel riquadro di sinistra della pagina iniziale di Gmail. Per creare una nuova etichetta, seleziona i messaggi che vuoi classificare con la nuova etichetta.

Nel menu del pulsante Etichette scegli la voce Crea nuova. Appare la finestra per la creazione della nuova etichetta.

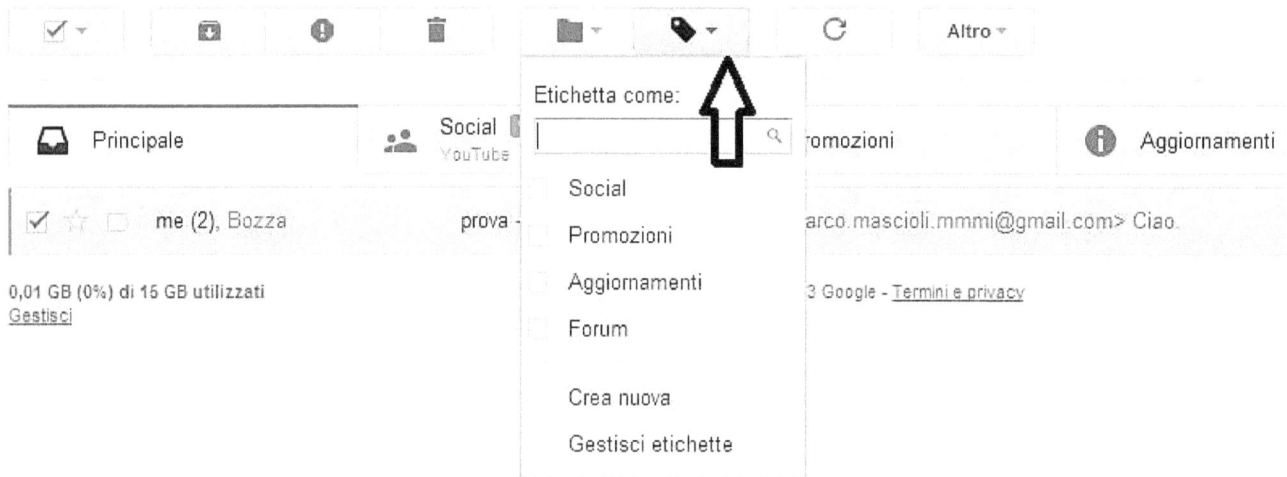

Scrivi il nome della nuova etichetta (eventualmente nidificata all'interno di un'altra già presente) e fai clic su Crea.

I messaggi selezionati sono automaticamente classificati con la nuova etichetta.

Per assegnare un'etichetta già presente a un messaggio, seleziona il messaggio e scegli l'etichetta nel menu del pulsante Etichette.

Ripeti la stessa procedura per togliere un'etichetta dal messaggio. Per visualizzare solo i messaggi contrassegnati da un'etichetta, selezionala nel riquadro di sinistra.

Sempre nella colonna di sinistra puoi gestire tutte le etichette e aggiungerne di nuove.

Cambiare il nome di un'etichetta precedentemente creata è semplicissimo: basta posizionarsi sopra e cliccare per scrivere il nuovo nome. Premendo invio si cambia il nome e appare il solito avviso in alto con l'avvenuto cambiamento. Tutti i messaggi appartenenti alla vecchia etichetta saranno classificati nella nuova.

Con il comando Rimuovi etichetta puoi cancellare l'etichetta (non i messaggi associati).Per modificare l'etichetta di un messaggio, seleziona il messaggio e scegli il nome dell'etichetta dal menu a discesa Sposta in.

Sebbene sia preferibile risparmiare carta, inchiostro e spazio, alle volte può essere necessario

stampare un documento e soprattutto un messaggio di posta elettronica.

Un messaggio può essere stampato in modo molto semplice. Apri il messaggio da stampare, e fai un clic sul pulsante Stampa evidenziato in figura.

Cliccando sull'icona della stampante stampiamo tutti i messaggi compresi quelli in risposta o inoltrati. Se vogliamo stampare solo il messaggio in arrivo, per esempio, dopo aver premuto il pulsante di stampa, in verità si apre l'anteprima di stampa dove possiamo vedere il risultato e scegliere la stampante da usare e le opzioni di stampa. Chiudiamo l'anteprima e troviamo una finestra del browser con tutti i messaggi senza la grafica. Pronti per essere stampati.

Selezioniamo quindi un solo messaggio o tutto ciò che vogliamo stampare per cliccare con il tasto destro e scegliere la stampa e a questo punto stamperemo solo la Selezione.

Appare la finestra di dialogo Stampa, simile alla finestra di stampa di un qualunque altro programma. Puoi impostare le opzioni di stampa che desideri (numero di copie, quante e quali pagine stampare, che stampante utilizzare, ecc.) e poi confermare con un clic sul pulsante Stampa.

Per cercare un messaggio, tra tutti quelli presenti nella posta arrivata, scrivi la parola (o le parole) contenute nel messaggio nella casella di ricerca posto in alto nella pagina. Premendo invio o cliccando sulla lente d'ingrandimento si avvia la ricerca che in questo caso scandaglierà prima tutti i messaggi di posta, poi proporrà di cercare anche nel Web.

INFORMATICA: Navigazione e Comunicazione | MMMi

GLOSSARIO

Account: assegnazione di un accesso a un computer o a una rete (non solo Internet), attraverso l'inserimento di un nome utente e di una password. Sigla, nome o codice che consente l'utilizzo di particolari servizi. È fornito a seconda del servizio, gratuitamente su richiesta dell'utente o dietro pagamento di una quota d'iscrizione. Letteralmente: conto, abbonamento.
Creare o acquistare un account vuol dire fare una richiesta affinché vengano dati a una persona un user ID e una password con i quali l'utente può accedere ad un servizio. Dal punto di vista legale si configura come un contratto da sottoscrivere fornendo i propri dati per il riconoscimento univoco, con l'assunzione della responsabilità da parte dell'utente.

Active desktop: funzionalità di Windows attiva dalla versione 98 che permette di inserire contenuti web sul desktop: questi vengono automaticamente aggiornati grazie alla connessione a Internet. Gli Active Desktop possono contenere file HTML, applet Java e componenti activeX.

ADSL: Asymmetric Digital Subscriber Line, cioè linea digitale asimmetrica. Tecnologia digitale per la trasmissione di dati ad alta velocità che impiega il cavo telefonico standard (doppino in rame), offrendo la possibilità di utilizzare anche le trasmissioni telefoniche vocali.

Allegato: un documento compiuto da trasmettere insieme a un messaggio. Questo termine in informatica indica i file che sono spediti insieme a un messaggio di posta elettronica. Si possono inviare come allegati file di qualsiasi tipo: dai documenti di testo alle immagini, fino a programmi completi.

Allineamento: impostazione del paragrafo all'interno della pagina. L'allineamento può essere a sinistra al centro, a destra, giustificato.

Alt gr: tasto speciale, situato sul lato destro, in basso, della tastiera, che permette di scrivere il terzo o quarto simbolo dei tasti, cioè il caratteri speciali "[", "]", "€", "@", "#".

Amministratore di sistema: operatore addetto al controllo e alla manutenzione di un network (rete di computer).

Annulla: Il tasto Annulla permette di annullare l'operazione effettuata.

Anonymous: login d'accesso per siti con il protocollo FTP. Quasi tutti i server FTP consentono l'accesso a ospiti non registrati che avranno limitazioni nell'utilizzo dei servizi.

INFORMATICA: Navigazione e Comunicazione | MMMi

Antivirus: applicazione che serve per ricercare e rimuovere i virus informatici da un computer; previene inoltre l'accesso dei virus nel sistema.

ARPAnet: ARPA è l'acronimo di Advanced Research Project Agency, l'agenzia del Dipartimento della Difesa statunitense che finanziò la realizzazione dei primi computer per il collegamento di reti a grande distanza. ARPAnet ha anticipato l'avvento di Internet.

Attachment: vedi allegato.

Autenticazione: anche Firma Digitale. Garantisce che una determinata trasmissione elettronica proviene dall'origine dichiarata.

Avatar: un termine che si usa per indicare l'icona o la piccola grafica che sostituisce la foto dell'utente all'interno di siti web.

AVI: Audio/Video Interleave, estensione che identifica un formato di file video.

Avvio: vedi Start.

Barra degli strumenti: barra che riporta una serie di icone per selezionare le funzioni utilizzate con maggiore frequenza. Può essere personalizzata dall'utente con l'aggiunta o la rimozione delle icone – funzioni.

Barra dei menu: barra che riporta le funzioni disponibili per l'applicazione relativa, suddivise in menu per facilitarne la ricerca. Può essere personalizzata dall'utente con l'aggiunta o la rimozione delle icone – funzioni.

Barra del titolo: barra di intestazione di una finestra, che riporta il nome dell'applicazione e pulsanti per ingrandire/ridurre la finestra, per chiudere l'applicazione, per sospenderne temporaneamente le operazioni.

Barra delle applicazioni: presente sullo schermo sulla quale sono posizionati il pulsante di avvio (Avvio o Start), i pulsanti relativi alle finestre aperte e l'orologio.

Barra di scorrimento: barra verticale o orizzontale che consente di spostarsi all'interno di un'area di lavoro, quando la finestra non riesce a visualizzarla per intero.

Barra di stato: barra che visualizza la fase operativa dell'applicazione.

INFORMATICA: Navigazione e Comunicazione | **MMMi**

Baud: unità di misura del flusso di informazioni pari a 1 bit al secondo, alla quale un modem o un'altra periferica è in grado di trasmettere dati, misurata tecnicamente in numero di eventi, o cambiamenti di segnale, al secondo.

BIOS: è il programma che il microprocessore usa per inizializzare il computer dopo che avete premuto il bottone di accensione. E' anche responsabile per la comunicazione tra il sistema operativo e le periferiche di input e output(come hard disk, scheda video, scheda audio, tastiera, mouse etc.etc.). Il BIOS e' parte integrale del PC e viene salvato su una EPROM (Erasable Programmable Read Only Memory memoria di tipo cancellabile, programmabile di sola lettura). Quando avviate il vostro computer, il processore avvia il BIOS, questi controlla che quanto è collegato al processore sia funzionante e quindi carica il sistema operativo in memoria.

Bookmark: vedi Preferiti.

Browser: applicazione, programma software client utilizzata per l'esplorazione di reti e per il recupero e la visualizzazione di copie di file in un formato di facile lettura. I browser standard più moderni, per esempio Microsoft® Internet Explorer 10, Google Chrome, Mozzilla Firefox e altri, possono anche utilizzare programmi esterni associati per riprodurre file audio e video.

Canc: è il tasto che cancella i caratteri immediatamente a destra del cursore.

Cartella: contenitore virtuale in cui inserire i dati, raccoglierli e organizzarli (inizialmente erano le Directory).

CERN: Acronimo di Conseil Européen pour la Recherche Nucléaire, il laboratorio europeo di fisica nucleare, con sede a Ginevra, dove alla fine degli anni Ottanta un gruppo di ingegneri sviluppò la tecnologia World Wide Web (WWW).

Chat: comunicazione sincrona tra più utenti collegati in rete tramite un client (programma apposito) o su siti web dedicati. Definito anche luogo d'incontro in rete fra utenti che, in tempo reale, possono comunicare fra loro utilizzando quasi esclusivamente il testo (ma anche voce, immagini o video) come modalità di comunicazione e trasferimento dati.

Cifratura: serve per rendere illeggibile un file o un messaggio di posta elettronica per tutti coloro che non ne posseggono la relativa chiave di cifratura.

Cliccare: operazione che consiste nel posizionare il puntatore del mouse e premere una volta il tasto

INFORMATICA: Navigazione e Comunicazione | MMMi

sinistro su una zona del monitor, dell'immagine, sul pulsante o la parola, che s'intende attivare o selezionare. Doppio click del tasto sinistro per aprire il file e click del tasto destro per visualizzare il menù contestuale.

Client: Applicazione che consente l'accesso a risorse di rete utilizzando le informazioni su server. I browser come Microsoft Internet Explorer, sono applicazioni client. Vedere anche server.

Codifica: processo di cifratura delle informazioni trasmesse. La codifica consente una facile protezione dei dati dalla lettura da parte di utenti indesiderati ed è disponibile in due forme: la codifica software, molto diffusa e semplice da installare e la codifica hardware, più difficile da installare ma più veloce e più complessa da decifrare.

Collegamento: in inglese Link, riferimento per raggiungere una diversa destinazione, abbreviazione di collegamento ipertestuale. Area sensibile all'interno di un documento del Web, in genere evidenziata con un colore differente. Area nella quale il puntatore del mouse cambia forma. È possibile fare clic su un collegamento per aprire un oggetto nello stesso o in un altro database, un documento differente o una pagina HTML sul Web o su una rete Intranet locale.

Collegamento ipertestuale: riferimento visualizzato come testo formattato in modo particolare o come immagine grafica, da una qualunque posizione in un documento HTML a un'altra posizione all'interno dello stesso documento, a un altro documento sul World Wide Web o a un punto specifico all'interno di un altro documento sul Web. Facendo clic su un collegamento ipertestuale si passerà all'altra posizione o al documento collegato.

Collegamento remoto: connessione a un computer geograficamente lontano, messa in atto per lo scambio di dati, tramite un Modem.

Contenuto Web: insieme di testo, immagini, suoni, dati o altre informazioni presentato da un sito Web.

Cookie: file memorizzato sul disco rigido e utilizzato per identificare il proprio computer o le proprie preferenze da parte di computer remoto. I cookie sono utilizzati frequentemente per identificare i visitatori di un sito Web, riferendosi all'indirizzo IP, non al nominativo dell'utente.

Copia: comando che permette di memorizzare il testo selezionato nella memoria temporanea del calcolatore per poter essere copiato, tramite il comando Incolla, in un'altra parte del documento, ovvero in un altro file.

INFORMATICA: Navigazione e Comunicazione | **MMMi**

Cronologia: per quanto riguarda il Web è un elenco delle pagine visitate dalla data indicata nelle impostazioni del Browser stesso. Normalmente è impostata a venti, ma può essere portata da zero a 999 giorni.

Ctrl: tasto speciale, situato sui lati della barra spaziatrice, utilizzato in combinazione con altri tasti. Per esempio CTRL + C corrisponde al comando Copia, CTRL + X corrisponde al comando Taglia e CTRL + V per Incolla.

Cursore: barra verticale o orizzontale lampeggiante che indica il punto esatto nel quale l'applicazione accetta l'inserimento di caratteri all'interno di un documento. Il cursore si sposta tramite i tasti con le quattro frecce di direzione oppure con il puntatore del mouse e con il tasto di tabulazione (TAB).
Delete: vedi tasto Canc. Nelle tastiere spesso abbreviato in DEL.

Directory: vedi cartella.

Disclaimer: Avviso di limitazione di responsabilità.

Disco: unità per la memorizzazione di dati. I più diffusi dischi cono costituiti da uno o più dischi sovrapposti, di forma circolare, tenuti in rotazione per poter registrare dati o leggere i dati registrati in precedenza tramite un magnete.

Disco fisso: vedi hard disk.

DNS: Domain Name System, database dove al nome di ciascun Host è associato il corrispondente indirizzo IP, al quale il browser si collega. Ogni Provider, per esempio, ha il proprio Dns primario e secondario, composto da una serie di numeri divisi da punti. Ogni server DNS è la copia identica di tutti gli altri disseminati nel mondo.

Dominio: Il dominio di primo livello, in inglese top-level domain abbreviato in TLD, è l'ultima parte del nome di dominio internet; è in altre parole la sigla alfanumerica che segue il 'punto' più a destra dell'URL; per esempio, l'indirizzo internet di 3PM è 3PM.IT. Siccome è residente nella World Wide Web, con il protocollo http, l'indirizzo completo sarà http://www.3pm.it, quindi ricade all'interno del dominio di primo livello nazionale .IT. Possiamo anche registrare dei domini di secondo livello che per l'esempio suddetto potrebbe essere webmail.3pm.it.
Collegata alla registrazione del dominio, che sarà unico a livello mondiale, ci riferiamo al dominio anche per le caselle di posta elettronica che ne derivano. Indicata dalla parte alla destra della chiocciola. Detto anche Nome di Dominio, è il nome che identifica uno specifico indirizzo IP, che il

server DNS tradurrà in numero univoco.

Download: processo che consiste nel trasferimento di un file da un computer remoto a uno locale in cui sarà memorizzato. Inversamente il processo di caricamento di un file su un PC o server remoto si chiama Upload.

E-commerce: Electronic Commerce, commercio elettronico. Grazie a esso è possibile acquistare prodotti e servizi direttamente in rete nei siti dedicati. I pagamenti vengono in genere effettuati con sistemi altamente sicuri e protetti tramite Carta di credito.

E-mail: abbreviazione di Electronic Mail, posta elettronica. Il servizio offerto da Internet più diffuso e utilizzato in assoluto; permette lo scambio di messaggi e corrispondenza privata fra utenti provvisti ognuno di un proprio indirizzo personale e univoco.

Elaborazione testi: programma per redazione, la correzione, l'impaginazione, l'archiviazione e la stampa di documenti di tipo testo, anche molto elaborati, con l'aggiunta di immagini.

Esplorazione: visualizzazione di contenuto del Web senza uno scopo prefissato, ovvero senza cercare un dato o un argomento specifico.

Estensione: il punto e le lettere che appaiono dopo il nome di un file, di un indirizzo web, di un dominio. L'estensione serve a noi e al sistema operativo con i diversi software, per identificare il tipo di dati contenuti nel file, nel sito, nel dominio.

FAQ: acronimo di Frequently Asked Questions (Domande frequenti). Elenco di domande e risposte frequenti disponibili in linea in risposta a richieste di informazioni su un'applicazione o una tecnologia da parte di utenti. Se ne consiglia la lettura prima di contattare il Servizio Supporto Tecnico Clienti, tramite telefono o posta elettronica, poiché la soluzione al problema riscontrato potrebbe già essere contenuta in questo elenco.

File: può essere genericamente definito come insieme omogeneo di dati registrato su un'unità di memorizzazione come documento. Un file è la definizione che data a tutte le istruzioni software contenute in un computer. Tecnicamente, i dati di un file sono codificati/organizzati in una sequenza di byte in linea con il linguaggio binario usato dal computer.
Ciascun file è identificato da un nome univoco all'interno della cartella, un'estensione e un percorso che ne individua posizione, contenitore, cartella o directory in uno spazio di nomi gerarchico all'interno del file system stesso.

Finestra: è l'interfaccia con cui il sistema operativo Windows visualizza le informazioni (di qualunque

INFORMATICA: Navigazione e Comunicazione | MMMi

tipo esse siano) all'utente. Ci sono finestre che contengono applicazioni, comandi o documenti.

Finestra attiva: è la finestra in primo piano, quella che attualmente riceve i comandi dal mouse e dalla tastiera.

Finestra di dialogo: è una particolare finestra usata generalmente per scegliere delle opzioni o impostare dei parametri nel programma per eseguire una determinata funzione o procedura.

Finestra di messaggio: è la finestra che appare sullo schermo quando il programma in uso deve comunicare un messaggio all'utente, segnalare un errore o chiedere conferma all'utente circa un'operazione.

Firewall: software (o hardware) utilizzato per impedire l'accesso non autorizzato a una rete o a un singolo computer. Protegge dalle intrusioni indesiderate da parte di utenti malintenzionati.

Firma: parte finale di un messaggio di posta elettronica che può essere immesso automaticamente dal programma di gestione dell'e-mail. La firma può essere creata in un apposito file del singolo utente e soprattutto nel caso di aziende e attività, dovrebbe contenere indicazioni sull'identità del mittente quali indirizzo, numero telefonico e partita iva, ma può anche essere, nelle comunicazioni non formali, una frase particolare, un soprannome ecc.

Font: termine inglese per identificare un tipo di carattere: per esempio Arial, Times new roman, Courier New, Century.... Il font rappresenta quindi la forma del carattere. I Font True Type (TTF) sono elementi grafici che hanno corrispondenza reale con i caratteri installati nelle stampanti.

Form: modulo da riempire. E' presente sulle pagine web per comunicare al gestore del sito le nostre richieste, complete delle informazioni necessarie per l'adempimento della richiesta stessa. Indispensabile per registrarsi allo scopo di effettuare acquisti on-line, sottoscrivere una newsletter o qualsiasi altro messaggio. Consente al gestore del sito di verificare l'autenticità della richiesta tramite un codice (Chapta) e tenere celato il proprio indirizzo Email per non ricevere spam e posta indesiderata.

Formattare (un documento): rappresenta l'operazione con cui si decide l'impostazione estetica da dare a un documento attraverso la modifica dei margini, degli stili, dei colori, dello sfondo.

Forum: luoghi di incontro in rete dove è possibile scambiarsi opinioni e commenti su uno specifico tema proposto dal gestore o dall'utente stesso.

INFORMATICA: Navigazione e Comunicazione | MMMi

FTP: acronimo di File Transfer Protocol (Protocollo di trasferimento file). Protocollo Internet che consente il trasferimento di file da un computer all'altro.

GIF: acronimo di Graphics Interchange Format. Formato di file per grafica, adatto ai documenti del World Wide Web.

Grassetto: metodo di rappresentazione dei caratteri tipografici in modo più marcato, usato in genere per evidenziare delle parti del testo (come per esempio i termini elencati in questo glossario).

Hard disk: unità di memoria di massa, di notevole capacità. Chiamato anche Fixed Disk se non è rimovibile cioè sempre presente nel PC. Il nome Hard Disk deriva dal fatto che non sono flessibili come lo erano i primi Floppy Disk da 5,25 pollici. Possono essere utilizzati in sistemi HOT-SWAP in cui possono essere rimossi e sostituiti anche mentre il sistema è in funzione.

Home page: pagina principale di un sito Web. La copertina del sito, dove sono presentati i contenuti. Una home page contiene in genere collegamenti sia ad altre posizioni all'interno del sito sia a siti esterni. A seconda delle dimensioni, un sito Web può includere più home page.
Hot swap: caratteristica che consente alle periferiche di essere inserite o rimosse dal PC anche durante il funzionamento. Per esempio di Hard Disk che essendo gestiti da un controller RAID, per cui ci sono più dischi rigidi che contengono dati ridondanti e qualora uno si guastasse, potremmo sostituirlo senza spegnere il sistema. Caratteristica insita di tutte le unità di input – output tramite USB, Firewire, seriale o parallela.

HTML: acronimo di Hyper Text Markup Language, il linguaggio utilizzato per creare i collegamenti necessari per la visualizzazione dei documenti sul Web.

HTTP: acronimo di Hyper Text Transfer Protocol (Protocollo di trasferimento ipertesti), il protocollo di base della tecnologia World Wide Web che detta le regole per il software che esegue il trasferimento dei documenti HTML tramite Internet.

Icona: disegno di dimensioni ridottissime che richiama la funzione a essa associata.

Incolla: comando che permette di inserire nel documento corrente un testo copiato (vedi Copia) o tagliato (vedi Taglia).

Indirizzo IP: indirizzo di protocollo Internet, comunemente rappresentato in notazione punto/decimale. Può essere di tipo 4 o di tipo 6. La versione 4 è sempre di tipo numerico, mentre la versione 6, nata per aumentare la disponibilità d'indirizzi, sono composte da codici alfanumerici per esempio l'IPv6 2001:0:5ef5:79fd:443:2653:a26f:904f corrisponde al IPv4 93.144.111.176.

Indirizzo Web: l'indirizzo è la stringa di testo che consente l'individuazione in rete delle pagine Web (es. http://www.utecodroipese.org). In verità gli indirizzi sono tutti IP, ma sono interpretati dai server DNS, quando noi scriviamo un indirizzo web questo è tradotto dal DNS e individuato in base all'indirizzo IP univoco.

Internet: rete fisica che costituisce il World Wide Web e rende possibile l'invio di posta elettronica in tutto il mondo.

Intestazione: testo ripetuto in cima a ogni pagina di un documento, contenente, ad esempio, numero di pagina, titolo del capitolo, la data, ecc.

Invio: è il tasto che serve generalmente ad andare a capo e confermare un'operazione.

IP: vedi indirizzo IP.

Ipertesto: testo elettronico in un formato che consente un accesso immediato, tramite collegamenti, a un altro testo simile contenuto nello stesso documento o in un documento differente.

ISDN: Acronimo di Integrated Services Digital Network, una rete che svolge la funzione di connessione digitale per telefonia e periferiche di comunicazione. Una connessione ISDN è in grado di fornire un accesso a Internet a una velocità relativamente elevata, fino a un massimo di 128.000 bit al secondo. Richiede una linea dedicata con due coppie di cavi e modem specifici sia in trasmissione sia in ricezione. Ormai in disuso, ha rappresentato una svolta ai tempi dei modem analogici che consentivano al massimo 56.000 bit al secondo (ma diminuivano in funzione del traffico).

ISP: acronimo di Internet Service Provider (Provider di servizi Internet), un servizio che fornisce l'accesso a Internet tramite i propri server a società, organizzazioni e utenti privati.

Java™: linguaggio di programmazione per oggetti sviluppato da Sun Microsystems utilizzato per creare applicazioni e programmi che è possibile distribuire come allegati a documenti Web. Un applet può essere inclusa in una pagina HTML proprio come un'immagine. Java funziona su qualsiasi sistema operativo grazie all'installazione di un sottosistema chiamato Consolle Java Runtime Environment (JRE, Java Runtime). Per visualizzare una pagina contenente un applet Java, il codice di quest'ultima sarà trasferito nel sistema in uso ed eseguito dal browser.

INFORMATICA: Navigazione e Comunicazione | MMMi

JPEG o .jpg: acronimo di Joint Photographic Experts Group, un formato di file di grafica adatto ai documenti Web.

Link: collegamento ipertestuale, tipico dei documenti HTML, che permette di passare da un documento html a un altro, in rete o in locale, di solito cliccando con il mouse su una porzione di testo o su un'immagine.

Login: procedura che tramite l'inserimento di username e password, consente l'accesso a un computer remoto, un server, un ISP.

Logout: termine del collegamento a un server remoto al quale si ha avuto accesso tramite la procedura di Login.

Menu: è il sistema utilizzato per proporre all'utente le liste di comandi o opzioni disponibili all'interno di un programma. Spesso le voci sono richiamabili oltre che con il mouse anche con scorciatoie da tastiera.

Menu a Tendina: sistema di menu composto da una serie finestre che appaiono sullo schermo a discesa, presentando le opzioni disponibili contestualmente.

Modem: abbreviazione di MODulator / DEModulator, una periferica hardware che connette un computer ad altri o a un server ISP attraverso una linea telefonica standard, ISDN o via etere. Un modem può essere interno, ovvero incorporato nel computer, oppure esterno. I modem sono classificati in base alla velocità, espressa in baud, alla quale trasmettono i dati.

Motore di ricerca: sito, applicazione o servizio utilizzato per individuare file su una rete Intranet o sul Web, a cui è possibile accedere tramite un browser, per esempio Microsoft Internet Explorer. I motori di ricerca Web più noti sono Google, Excite, WebCrawler, Infoseek, Yahoo!, Bing e Lycos ma a questi se ne aggiungono sempre di nuovi, ma molti si avvalgono dei risultati dello spider di Google.

Multimediale: termine utilizzato per qualificare qualsiasi contenuto che comprenda testo, brani audio, immagini e/o video.

Netiquette: neologismo sincretico che unisce il vocabolo inglese network (rete) e quello di lingua francese étiquette (buona educazione), è un insieme di regole che disciplinano il comportamento di un utente di Internet nel rapportarsi agli altri utenti attraverso risorse quali newsgroup, mailing list, forum, blog, reti sociali o email in genere.
Il rispetto della netiquette non è imposto da alcuna legge. Sotto un aspetto giuridico, la netiquette è

spesso richiamata nei contratti di fornitura di servizi di accesso da parte dei provider.

Il mancato rispetto della netiquette comporta una generale disapprovazione da parte degli altri utenti della Rete, solitamente seguita da un isolamento del soggetto "maleducato" e talvolta dalla richiesta di sospensione di alcuni servizi utilizzati per compiere atti contrari a essa (di solito l'email e Usenet). In casi di gravi e recidive violazioni l'utente trasgressore è punibile con l'eliminazione dell'account.

Esempi di comportamenti contrari alla netiquette e talvolta sanzionati sono l'invio di spam, effettuare mailbombing e l'eccessivo cross-posting e/o multiposting sui newsgroup. Anche l'invio di e-mail senza un oggetto è una cosa poco rispettosa nei confronti del destinatario. Molti ricevono per lavoro decine o anche centinaia di e-mail al giorno: se tutte non avessero un oggetto sarebbe quasi impossibile definire una priorità con la quale leggerle, questo ovviamente con notevole disagio per chi riceve i messaggi.

Particolarmente scorretto è anche l'invio o l'inoltro di email a un gran numero di persone (per esempio a tutta la propria rubrica) inserendone gli indirizzi nel campo "A:". In questo modo tutti gli indirizzi, spesso privati, sono mostrati apertamente a tutti i destinatari, con un'implicita violazione della privacy. Tra le conseguenze, se un computer fra quelli dei destinatari è infettato da virus che utilizzano la posta elettronica per diffondersi, tutti gli indirizzi inseriti nel messaggio possono essere catturati dal virus e usati come destinatari di messaggi infetti.

Newsgroup: gruppo o forum di discussione all'interno del quale è possibile condividere informazioni, idee, suggerimenti e opinioni su un particolare argomento. I newsgroup sono organizzati in base alle migliaia di argomenti contenuti. Vedere anche Usenet.

Nome di dominio: su Internet, il nome di un computer o di un gruppo di computer utilizzato per identificare la posizione elettronica e talvolta geografica del computer per la trasmissione dei dati. Il nome di dominio contiene in genere il nome di una società o di un'organizzazione e include sempre un suffisso di due, tre o quattro lettere che specifica il tipo di società o di organizzazione, oppure il paese del dominio.

Nel nome di dominio microsoft.com, ad esempio, Microsoft corrisponde al nome della società e COM indica che si tratta di una società commerciale. Tra gli altri suffissi utilizzati ci sono GOV, per gli enti governativi, EDU, per le istituzioni educative, ORG per le organizzazioni non a scopo di lucro, e tanti altri che continuano a essere generati per esigenze di disponibilità come EU per l'Europa, INFO, BIZ etc. I suffissi a carattere geografico sono solitamente di due soli caratteri ad esempio IT per l'Italia, DE abbreviazione di Deutschland per la Germania e JP per il Giappone.

Non in linea: non connesso a Internet (Offline)

Office Automation: software per la gestione delle procedure d'ufficio come videoscrittura, fogli elettronici di calcolo, posta elettronica, presentazioni e brochure, blocchi note etc... .

INFORMATICA: Navigazione e Comunicazione | MMMi

Pagina: porzione di contenuto del World Wide Web, definita da un unico file HTML e indicata da un unico indirizzo URL.

Paragrafo: in un programma di videoscrittura è l'insieme di qualunque cosa si trovi tra due indicatori di paragrafo (generalmente due ritorni a capo), compresi titoli e righe bianche.

Piè di pagina: testo ripetuto in fondo a ogni pagina di un documento, contenente, per esempio, numero di pagina, titolo del capitolo, la data, ecc.

Plug-in: componente o modulo software che estende le funzionalità di un'applicazione, in genere per consentire la lettura o la visualizzazione di particolari tipi di file. Nei browser Web i plug-in consentono la visualizzazione di contenuto arricchito con brani audio, video e animazioni.

Plug-n-Play: funzionalità legata al sistema hardware e software che consente alle periferiche di essere riconosciute all'atto della connessione, sfruttando una memoria contente i driver necessari per il funzionamento, ovvero riferito a periferiche utilizzabili con specifiche già incluse nel sistema operativo. Spesso viene utilizzato erroneamente per unità che richiedono l'installazione di software tramite CD. Normalmente consentono anche l'Hot Swap.

Posta elettronica: sistema per l'invio di messaggi da un computer a un altro attraverso una rete. Microsoft Outlook, Incredimail, Pegasus e Thunderbird sono tra le più diffuse applicazioni di posta elettronica utilizzabili anche Off Line.

PPP: acronimo di Point-to-Point Protocol, una configurazione utilizzata per connettere due computer tramite una linea telefonica o tramite un collegamento di rete con la stessa funzione di una linea telefonica.

Preferiti (o segnalibro): collegamenti a pagine o indirizzi a cui si desidera tornare frequentemente. In Microsoft Internet Explorer è disponibile una caratteristica denominata Preferiti per organizzare e memorizzare i siti Web da visitare spesso.

Protocollo: sistema di regole o di standard per comunicare attraverso una rete, in particolare Internet. Computer e reti interagiscono in funzione dei protocolli utilizzati i quali determinano il comportamento che ciascun computer si attende dall'altro durante il trasferimento di informazioni.

Pulsante o bottone: icona alla quale è associata una funzione, attivata direttamente quando è azionato mediante il mouse.

RAID: acronimo di Redundant Array of Independent Disks, in italiano insieme ridondante di dischi indipendenti. Sistema informatico che usa un gruppo di dischi rigidi per condividere o replicare le informazioni. I benefici del RAID sono dunque l'aumento dell'integrità dei dati, la tolleranza ai guasti e le prestazioni, rispetto all'uso di un disco singolo. Al momento esistono sette tipi diversi nominati RAID 0, RAID 1, fino a RAID 6. Si tratta di sistemi diversi, con caratteristiche che puntano maggiormente alla velocità o alla sicurezza dei dati. Utilizzano da due a infiniti dischi.

Return: vedi Invio.

Rientro: è l'allineamento di un paragrafo o di una riga rispetto alla parte restante del testo riferito al lato sinistro del documento.

Ripristina: comando che revoca le azioni del pulsante Annulla.

Scheda: linguetta che appare nella parte superiore del browser e contiene una pagina web.

Scroll Bar: vedi barra di scorrimento.

Segnalibro: vedi Preferiti.

Server: computer e relativo software che fornisce servizi ad altri computer su una rete effettuando operazioni di gestione. I computer che si avvalgono del server contengono software client. I browser sono un esempio di software client. Vedere anche client.

Shift: chiamato anche tasto maiuscole, permette di scrivere i caratteri in maiuscolo e di scrivere il secondo carattere dei tasti "doppi" o "quadrupli", per esempio l'asterisco nella tastiera italiana corrisponde a SHIFT e il tasto +, mentre per la parentesi graffa chiusa sarà SHIFT - ALT GR – e lo stesso tasto +.
Shift lock: chiamato anche tasto maiuscole fisse o CAPS LOCK (spesso rappresentato con un lucchetto chiuso), permette di scrivere tutti i caratteri in maiuscolo.

Sistema Operativo: gruppo di programmi che controlla le funzioni di base di un computer; le funzioni del sistema operativo comprendono l'interpretazione di programmi, la creazione di file di dati e il controllo della trasmissione e ricezione di dati (input output) fra il computer, la memoria e le altre periferiche.

Sito: insieme di pagine Web correlate che si trovano sullo stesso server e sono interconnesse da collegamenti ipertestuali.

Software: programmi e relativa documentazione utilizzato su un computer; in particolare il termine si riferisce ai programmi che gestiscono le attività del sistema.

SPAM: messaggi fuori tema, spesso di natura commerciale, in genere inviati a più destinatari non interessati.

Stampante: unità di output, per riprodurre su carta le informazioni prodotte dal computer.

Stile: insieme di formati applicati ai vari elementi di un documento (intestazioni a vari livelli, didascalie, corpo del testo).

Start o Avvio: pulsante, presente nella barra delle applicazioni di Windows, che permette di accedere ai programmi presenti nel PC sin dalla versione 95.

Streaming audio: cattura in tempo reale di dati audio in un file o trasmissione di tali dati, sempre in tempo reale, attraverso Internet. Tramite uno specifico plug-in per browser è possibile decomprimere e riprodurre i dati durante la trasmissione. Lo streaming di brani audio o di video consente di eliminare il ritardo risultante dal processo di download di un intero file e dalla successiva riproduzione di quest'ultimo. Normalmente non consentono la memorizzazione dei file nel PC, ma possono essere ascoltati solo durante la connessione al Web.

Taglia: comando che permette di memorizzare il testo selezionato nella memoria temporanea del calcolatore, eliminandolo dalla posizione in cui era, per poter essere spostato, tramite il comando Incolla, in un'altra parte del documento o in un altro file.

Tastiera: dispositivo di input dotato di pulsanti attivati mediante la pressione dei tasti; ogni tasto trasmette il codice specifico, al computer; a sua volta il codice di ogni tasto corrisponde al codice ASCII corrispondente al carattere indicato.

Tasti Funzione: sono i tasti contrassegnati da F1 a F12 che indicano al computer di eseguire determinate operazioni, quando interpretati dal software.

TCP/IP: acronimo di Transmission Control Protocol (Protocollo di controllo trasmissione) e Internet Protocol (Protocollo Internet), i due protocolli che stabiliscono la modalità con la quale computer e reti gestiscono il flusso di informazioni attraverso Internet.

Upload: processo di trasferimento di un file da un computer locale a uno remoto tramite un modem o un'interfaccia di rete. Vedi Download.

INFORMATICA: Navigazione e Comunicazione | MMMi

URL: acronimo di Uniform Resource Locator (Localizzatore universale di risorse), l'indirizzo della risorsa, espresso in forma estesa, in chiaro, ha la caratteristica di essere più facilmente memorizzabile rispetto all'indirizzo IP. Alcune organizzazioni o enti, per difendersi da eventuali plagi di indirizzi mnemonici, hanno più URL simili associati alla stessa risorsa (i cosiddetti alias URL) cioè allo stesso Indirizzo IP.

La risoluzione tra URL e Indirizzo IP, necessaria per l'instradamento in Rete tramite protocollo IP, è affidata al DNS, il database che contiene la corrispondenza fra nomi di host e indirizzi IP.

Virus: riferito ai computer, programma pericoloso che "infetta" i file del PC riproducendosi. I virus sono attivati quando il programma infettato è eseguito, ma possono risiedere a lungo all'interno di un computer senza rivelarsi all'utente e diffondendosi in altre posizioni, oppure possono essere eseguiti immediatamente. Quando un virus è in esecuzione può dar luogo a molteplici fenomeni di diversa gravità, dalla visualizzazione di messaggi fastidiosi, ma inoffensivi, all'eliminazione di file nel disco rigido, magari essenziali per il funzionamento. I virus si diffondono per effetto del trasferimento di file da un computer all'altro, tramite disco o attraverso una rete, inclusa la rete Internet. Per questo motivo consiglio sempre di utilizzare uno dei programmi antivirus, anche gratuiti, aggiornati che è possibile scaricare da numerosi siti Web.

Web: abbreviazione di World Wide Web ovvero WWW. Letteralmente dall'inglese ragnatela.

Windows: sistema operativo a interfaccia grafica.

Word Processor: (in italiano videoscrittura) è un programma (il più diffuso è MS Word) per la redazione di documenti di testo. Le versioni attuali di questi software consentono la realizzazione sia di semplici lettere sia di documenti complessi come libri e manuali.

World Wide Web: è la rete mondiale di tutti i documenti pubblicati su Internet. Consiste in contenuti dei siti come i testi, i film, le informazioni, la musica, la grafica e tutto quello che è stato messo a disposizione di chi naviga in Internet. La sigla WWW fa parte degli indirizzi (URL) dei siti di tutto il mondo.

INFORMATICA: Navigazione e Comunicazione | MMMi

ANNESSI: TASTIERA ESTESA ITALIANA

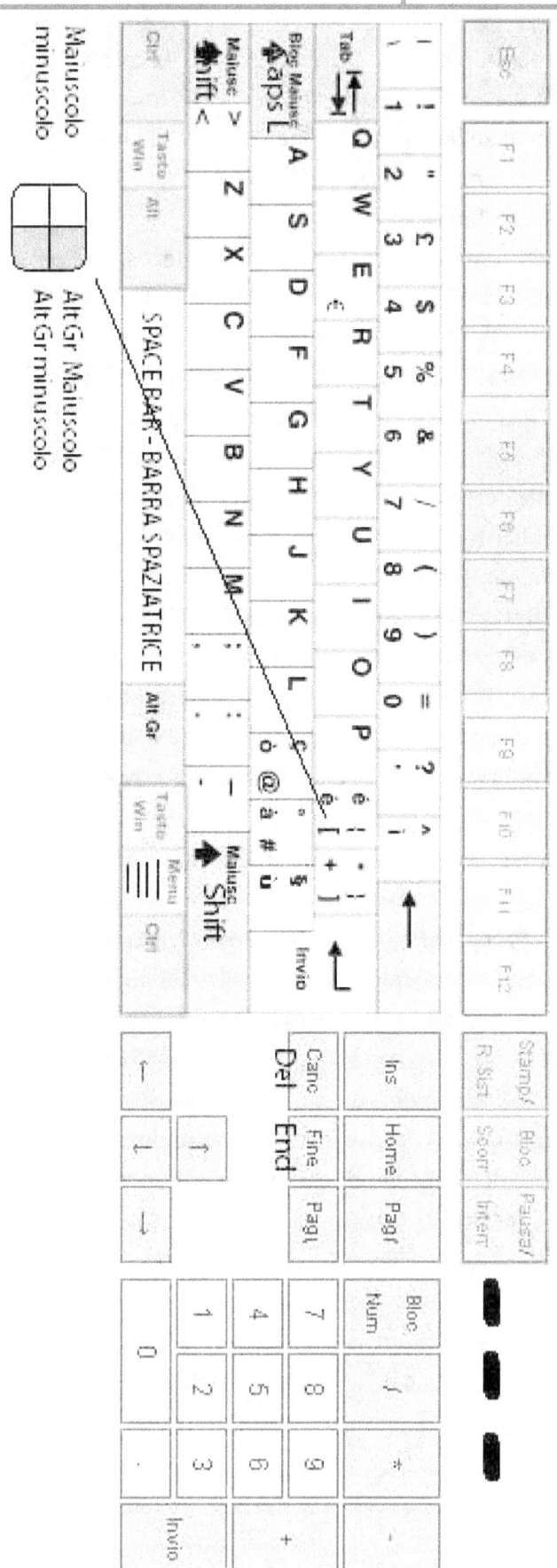

INFORMATICA: Navigazione e Comunicazione | MMMi

TABELLA CODICI ASCII ESADECIMALI

Tenere premuto ALT e digitare il codice numerico desiderato. Per esempio se ci serve un carattere come la È maiuscola accentata, senza utilizzare l'apostrofo, possiamo usare il codice ALT+212.

Windows propone anche la Mappa Caratteri, facendo clic sul pulsante Start, poi Tutti i programmi, Accessori, Utilità di sistema e quindi Mappa caratteri. Nell'elenco Tipo di carattere selezionare il tipo

n	HX	A	H	NN	n	HX	A	H	NN	n	HX	A	H	NN	n	HX	A	H	NN	n	HX	A	H	NN
1	01				52	34	4	4		103	67	g	g		154	9A	Ü	š		205	CD	-	Í	Iacute
2	02				53	35	5	5		104	68	h	h		155	9B	ø	>		206	CE	+	Î	Icirc
3	03				54	36	6	6		105	69	i	i		156	9C	£	œ	oelig	207	CF	×	Ï	Iuml
4	04				55	37	7	7		106	6A	j	j		157	9D	Ø			208	D0	ð	Ð	ETH
5	05				56	38	8	8		107	6B	k	k		158	9E	×			209	D1	Ð	Ñ	Ntilde
6	06				57	39	9	9		108	6C	l	l		159	9F	ƒ	Ÿ		210	D2	Ê	Ò	Ograve
7	07				58	3A	:	:		109	6D	m	m		160	A0	á		nbsp	211	D3	Ë	Ó	Oacute
8	08				59	3B	;	;		110	6E	n	n		161	A1	í	¡	iexcl	212	D4	È	Ô	Ocirc
9	09				60	3C	<	<	lt	111	6F	o	o		162	A2	ó	¢	cent	213	D5	ı	Õ	Otilde
10	0A				61	3D	=	=		112	70	p	p		163	A3	ú	£	pound	214	D6	Í	Ö	Ouml
11	0B				62	3E	>	>	gt	113	71	q	q		164	A4	ñ	¤	curren	215	D7	Î	×	times
12	0C				63	3F	?	?		114	72	r	r		165	A5	Ñ	¥	yen	216	D8	Ï	Ø	Oslash
13	0D				64	40	@	@		115	73	s	s		166	A6	ª	¦	brvbar	217	D9	+	Ù	Ugrave
14	0E				65	41	A	A		116	74	t	t		167	A7	º	§	sect	218	DA	+	Ú	Uacute
15	0F	×	curren		66	42	B	B		117	75	u	u		168	A8	¿	¨	uml	219	DB		Û	Ucirc
16	10				67	43	C	C		118	76	v	v		169	A9	®	©	copy	220	DC		Ü	Uuml
17	11				68	44	D	D		119	77	w	w		170	AA	¬	ª	ordf	221	DD	¦	Ý	Yacute
18	12				69	45	E	E		120	78	x	x		171	AB	½	«	laquo	222	DE	Ì	Þ	THORN
19	13				70	46	F	F		121	79	y	y		172	AC	¼	¬	not	223	DF		ß	szlig
20	14	¶		para	71	47	G	G		122	7A	z	z		173	AD	¡	-	shy	224	E0	Õ	à	agrave
21	15	§		sect	72	48	H	H		123	7B	{	{		174	AE	«	®	reg	225	E1	ß	á	aacute
22	16				73	49	I	I		124	7C					175	AF	»	¯	macr	226	E2	Ô	â	acirc
23	17				74	4A	J	J		125	7D	}	}		176	B0		°	deg	227	E3	Ò	ã	atilde
24	18				75	4B	K	K		126	7E	~	~		177	B1		±	plusmn	228	E4	õ	ä	auml
25	19				76	4C	L	L		127	7F				178	B2		²	sup2	229	E5	Õ	å	aring
26	1A				77	4D	M	M		128	80	Ç	€	euro	179	B3	¦	³	sup3	230	E6	µ	æ	aelig
27	1B				78	4E	N	N		129	81	ü			180	B4	¦	´	acute	231	E7	þ	ç	ccedil
28	1C				79	4F	O	O		130	82	é	,		181	B5	Á	µ	micro	232	E8	Þ	è	egrave
29	1D				80	50	P	P		131	83	â	ƒ		182	B6	Â	¶	para	233	E9	Ú	é	eacute
30	1E				81	51	Q	Q		132	84	ä	„		183	B7	À	·	middot	234	EA	Û	ê	ecirc
31	1F				82	52	R	R		133	85	à	…		184	B8	©	¸	cedil	235	EB	Ù	ë	euml
32	20				83	53	S	S		134	86	å	†		185	B9	¦	¹	sup1	236	EC	ý	ì	igrave
33	21	!	!		84	54	T	T		135	87	ç	‡		186	BA	¦	º	ordm	237	ED	Ý	í	iacute
34	22	"	"	quot	85	55	U	U		136	88	ê	ˆ		187	BB	+	»	raquo	238	EE	¯	î	icirc
35	23	#	#		86	56	V	V		137	89	ë	‰		188	BC	+	¼	frac14	239	EF	´	ï	iuml
36	24	$	$		87	57	W	W		138	8A	è	Š		189	BD	¢	½	frac12	240	F0		ð	eth
37	25	%	%		88	58	X	X		139	8B	ï	‹		190	BE	¥	¾	frac34	241	F1	±	ñ	ntilde
38	26	&	&amp		89	59	Y	Y		140	8C	î	Œ	Oelig	191	BF	+	¿	iquest	242	F2		ò	ograve
39	27	'	'		90	5A	Z	Z		141	8D	ì			192	C0	+	À	Agrave	243	F3	¾	ó	oacute
40	28	(	(		91	5B	[	[		142	8E	Ä			193	C1	-	Á	Aacute	244	F4	¶	ô	ocirc
41	29	)	)		92	5C	\	\		143	8F	Å			194	C2	-	Â	Acirc	245	F5	§	õ	otilde
42	2A	*	*		93	5D	]	]		144	90	É			195	C3	+	Ã	Atilde	246	F6	÷	ö	ouml
43	2B	+	+		94	5E	^	^		145	91	æ	'		196	C4	-	Ä	Auml	247	F7	,	÷	divide
44	2C	,	,		95	5F	_	_		146	92	Æ	'		197	C5	+	Å	Aring	248	F8	°	ø	oslash
45	2D	-	-		96	60	`	`		147	93	ô	"		198	C6	ã	Æ	AElig	249	F9	¨	ù	ugrave
46	2E	.	.		97	61	a	a		148	94	ö	"		199	C7	Ã	Ç	Ccedil	250	FA	·	ú	uacute
47	2F	/	/		98	62	b	b		149	95	ò	•		200	C8	+	È	Egrave	251	FB	¹	û	ucirc
48	30	0	0		99	63	c	c		150	96	û	–		201	C9	+	É	Eacute	252	FC	³	ü	uuml
49	31	1	1		#	64	d	d		151	97	ù	—		202	CA	-	Ê	Ecirc	253	FD	²	ý	yacute
50	32	2	2		#	65	e	e		152	98	ÿ	˜		203	CB	-	Ë	Euml	254	FE		þ	thorn
51	33	3	3		#	66	f	f		153	99	Ö	™		204	CC	¦	Ì	Igrave	255	FF		ÿ	yuml

INFORMATICA: Navigazione e Comunicazione | **MMMi**

di carattere desiderato. Fare clic sul carattere speciale che si desidera inserire nel documento. Fare clic su Seleziona e quindi su Copia. Aprire il documento e posizionare il cursore nel punto in cui si desidera visualizzare il carattere speciale scegliere Incolla dal menu Modifica (o tasto destro).

RINGRAZIAMENTI

Voglio ringraziare l'Università T. E. del codroipese nella persona del presidente Roberto Zanini e dei discenti tutti.

Un particolare grazie al direttore dei corsi, Gen. Amilcare Casalotto che ha creduto in me dal primo momento, stimolando interesse, motivazione e curiosità nel consentirmi la docenza del corso di informatica, navigazione e comunicazione che ha generato questo testo.

Mia moglie, Patrizia, che sopporta la mia presenza distratta e mi supporta correggendo i miei errori di battitura, sorridendo.

Mio padre per avermi insegnato ad applicarmi con passione in tutte le cose che faccio.

Il pensiero costante verso le persone più care che posso definire mentori, a cui esprimo la mia gratitudine, per l'incoraggiamento e gli insegnamenti: Massimo Tammaro e Donato Sarcinella.

Il ringraziamento più grande va a te che hai voluto leggere queste pagine, per aggiungere alla tua esperienza un nuovo sapere. Spero ti sia utile per poterti applicare nella navigazione e comunicazione in internet e rendere unico, speciale e semplice ciò che sempre hai desiderato rendere tale.

Se questo viaggio e la nostra meta formativa ti ha reso felice, adesso sono felice anch'io.

Sono sempre a disposizione per qualsiasi domanda o approfondimento tramite il modulo presente nel mio sito www.3pm.it.

Bibliografia

Siti di riferimento:

20thingsilearned.com

it.wikipedia.org

learn.googleapps.com

matematicamente.it

sistemadidattico.it

windows.microsoft.com

INFORMATICA

Navigazione e Comunicazione

Di Marco Michele Ilario Mascioli

Prima Edizione - Finito di stampare a Settembre 2013

INFORMATICA: Navigazione e Comunicazione | MMMi

SCHEDA BIOGRAFICA

Marco, Michele Ilario Mascioli (1966), ha iniziato a studiare informatica (anzi elettronica) verso la fine degli anni settanta.

In quei tempi erano pochi i testi in lingua italiana e molto ancora doveva essere inventato, così si è dedicato allo studio delle lingue per approfondire le sue conoscenze grazie alle pubblicazioni in lingua originale.

L'utilità dei primi Personal Computer era strettamente connessa alla capacità di compilazione di programmi ad hoc per svolgere le funzioni che altrimenti avremmo espletato con calcolatrici e macchine da scrivere. Studiare linguaggi come C e DB2 gli ha consentito di generare software che assolvevano egregiamente a funzioni lavorative in meno di un centesimo del tempo richiesto prima. Con i fosfori verdi poi sostituiti da monitor in bianco e nero, c'è stata anche l'epoca dei giochi, dei virus simpatici, tutto in ambiente DOS, testuale quando l'unico sistema per diffondere un virus era consegnarlo a mano o tramite raccomandata su floppy disk.

Gli elaboratori personali avevano solo uno o due lettori di floppy che servivano per il sistema operativo e i pochi programmi disponibili. Epocale l'avvento di Windows, Windows 2 e la svolta di Windows 3.11 per Workgroup.

La passione personale era molto costosa: il suo IBM PS2-20 aveva ben 20 Megabyte di Hard Disk e …. il prezzo di un'auto di media cilindrata, ma dopo poco arrivò il PS2-30 pagato la metà e finalmente i primi assemblati. Lo studio delle strutture hardware IBM compatibili consentiva di realizzarsi i primi PC con Intel 80286 seguiti da 80386, X486, proseguendo con i primi Pentium, e parallelamente AMD K5, K6, K6 II, K7 etc., ma anche i coraggiosi Cyrix Mii che contribuirono notevolmente all'abbassamento dei prezzi dei processori. Così ha gestito un laboratorio per l'assemblaggio, la vendita e la riparazione di PC per oltre dieci anni.

Oggi si occupa di servizi web, siti web, servizi di mailing e gestione di reti intranet con interfacce web, oltre all'attività formativa tenendo corsi su hardware e software.

Autore di saggi e corsi tra cui: Comunicazione e Relazioni, il segreto di Pitagora e Fotografia: corso basico, completo.

Altri dettagli sull'autore e alcuni suoi lavori, sono disponibili nel sito internet www.3pm.it

www.ingramcontent.com/pod-product-compliance
Lightning Source LLC
Chambersburg PA
CBHW080941170526
45158CB00008B/2333